TÉCNICA E CRIATIVIDADE

Blucher

TÉCNICA E CRIATIVIDADE

O trabalho analítico

Antonino Ferro

Tradutora

Marta Petricciani

Técnica e criatividade : o trabalho analático
Título original: *Tecnica e creatività: Il lavoro analitico*

Publisher Edgard Blücher
Editor Eduardo Blücher
Coordenação editorial Jonatas Eliakim
Produção editorial Thaís Costa
Preparação de texto Ana Maria Fiori
Diagramação Guilherme Henrique
Revisão de texto Sabrina Inserra
Capa Leandro Cunha
Imagem da capa IStock

Blucher

Rua Pedroso Alvarenga, 1245, 4º andar
04531-934 – São Paulo – SP – Brasil
Tel.: 55 11 3078-5366
contato@blucher.com.br
www.blucher.com.br

Segundo o Novo Acordo Ortográfico, conforme 5. ed. do *Vocabulário Ortográfico da Língua Portuguesa*, Academia Brasileira de Letras, março de 2009.

Dados Internacionais de Catalogação na Publicação (CIP)
Angélica Ilacqua CRB-8/7057

Ferro, Antonino
Técnica e criatividade : o trabalho analítico / Antonino Ferro. São Paulo : Blucher, 2022.
224 p.

Bibliografia
ISBN 978-65-5506-483-4 (impresso)
ISBN 978-65-5506-484-1 (digital)

1. Psicanálise 2. Escuta psicanalítica I. Título

22-2850 CDD 150.195

Índice para catálogo sistemático:
1. Psicanálise

Aos meus pacientes, aos meus supervisionados,
aos participantes dos meus grupos clínicos,
que me inspiraram estes pensamentos,
fruto constante de uma coconstrução.

Conteúdo

1. Roteiros e cenografias

Para começar, gostaria de destacar a grande interdependência que há entre o funcionamento mental do paciente e o do analista, sublinhando o quanto este último codetermina o campo, seus movimentos, turbulências e situações de impasse. São referências implícitas a este capítulo todos os meus trabalhos sobre o campo desenvolvidos ao longo destes anos, aqueles sobre o desenvolvimento do pensamento de Bion, e alguns conceitos da narratologia que não podem ser estranhos a uma reflexão sobre modelos da psicanálise.

Do meu ponto de vista, há uma constante atividade de *rêverie* de base, que é a maneira como a mente do analista continuamente acolhe, metaboliza e transforma o "quanto" chega do paciente como estimulação verbal, paraverbal, não verbal. A mesma atividade de *rêverie* opera no paciente, em resposta a toda estimulação, interpretativa e não, proveniente do analista. O objetivo da análise é, em primeiro lugar, desenvolver esta capacidade de tecer imagens (que permanecem não passíveis de serem conhecidas diretamente). O acesso a tais imagens pode ser indireto, por meio dos "derivados narrativos" do pensamento onírico de vigília, como veremos mais adiante. Esta atividade de *rêverie* de base é o fulcro de nossa vida mental, e de seu funcionamento/disfuncionamento dependem a saúde, a doença ou o sofrimento psíquico.

O mesmo vale para a existência de uma contínua atividade de identificações projetivas de base, que são o indispensável disparador de qualquer atividade de *rêverie*. Há situações nas quais estão presentes manifestações de *rêverie* explícitas e significativas, mais frequentemente no registro do visual, mas naturalmente não somente neste.

Uma reflexão à parte merecem todas as situações nas quais há um excesso de sensorialidade, claramente superior às capacidades digestivo-transformador-figurativas da mente. Há infinitas possibilidades em relação a isso:

- os abusos sexuais em idade infantil, em que o problema não é somente aquele relativo à sexualidade, mas também o de ativar mais sensorialidade (agradável-dolorosa-violenta) do que é possível administrar;
- podem igualmente existir, na infância, abusos de outro tipo, por exemplo – com a melhor das intenções –, nos departamentos de patologia neonatal hipermedicalizados nos quais não são permitidas aquelas "soluções-tampão" representadas pela presença dos pais, pela capacidade destes de realizar – pelo menos em parte – aquelas funções digestivo-transformadoras que a mente da criança (frequentemente prematura) não pode realizar.

No fundo, há uma vastíssima gama de situações nas quais está em jogo a ativação de uma sensorialidade que prevarica sobre as capacidades da mente de figurá-las, sonhá-las e, portanto, esquecê-las. Desde situações de catástrofes até situações de impactos protoemocionais muito intensos, inclusive a tortura. Isto posto, vejamos como podem ser ativadas as mais variadas defesas em relação a esta "prevaricação sensorial", defesas que vão desde o autismo (como extrema defesa da mente em seu desmantelamento, uma espécie de suicídio mental para sobreviver) até formas extremas de narcisismo, recusa e cisão: no fundo, o próprio suicídio é a defesa extrema em relação a inundações de angústia e dor impossíveis de serem metabolizadas. Este excesso poderia levar a "doenças psicossomáticas" e não somente a narrações de doenças psicossomáticas ou a narrações de doenças? É o que tentaremos ver mais adiante.

Abertura de mundos possíveis

O bosque de Saverio

Saverio é uma criança de 8 anos descrita pelos pais como frágil e vulnerável. A mãe relata que, tendo-lhe dado de presente uma caixinha e perguntado o que teria colocado nela, Saverio, para seu espanto, havia respondido: "O perfume do bosque".

O pai se apresenta deprimido, a mãe hipomaníaca.

A terapeuta que traz este caso em supervisão descreve Saverio como frágil, mas muito ágil, e tem a vivência de "não o encontar", de "não saber nunca onde está", pois salta de um ponto a outro da sala.

Saverio começa logo o jogo do "camaleão" que combate e vence todos os inimigos desaparecendo: esta parece, justamente, sua estratégia de vitória, tornar-se invisível, desaparecer da atenção, fazer jogos repetitivos que não permitem nenhuma brecha.

Os inimigos são desenhados, uma vez, como presenças que dão medo (Figura 1.1).

Outra vez, são representados em um desenho como espadas e bombas. Os inimigos a serem evitados parecem mesmo as emoções ativadas pelo encontro com o Outro, emoções que despedaçam, que dilaceram: é necessário evitar ao mesmo tempo os encontros e as emoções por eles geradas.

Estes inimigos, conta Saverio, estão muito longe, na América do Sul, na Suécia (e, portanto, não podem ser alcançados com a interpretação clássica).

Seu saltitar físico, seu saltitar de um desenho-borrão a outro parecem fazer parte, justamente, da estratégia do Camaleão-Zelig, que é impossível pegar.

Um dia, inesperadamente, faz um relato a respeito de uma "guerra das tampas", em que uma "tampa amarela" sempre vence todas as outras tampas, que são burras, mas estas estão se organizando para descobrir as estratégias da "tampa amarela" e encontrar a forma de poder competir melhor com ela. Parece perceber que, apesar de vencer sempre a terapeuta utilizando a estratégia do camaleão, esta não se sujeita passivamente à derrota, mas estuda um possível caminho de contraste ou de alternativa em relação ao camaleão.

Saverio, na sessão, agora traz revistinhas, faz desenhos que são cada vez mais borrões indecifráveis, deixando passar o tempo disponível. A estratégia do camaleão paralisou o campo, o problema de Saverio, criança adequada sem emoções, tornou-se o problema do campo.

O campo adoeceu da doença de Saverio.

É a partir daqui que a mudança e a transformação podem começar, partindo de estratégias muito diferentes, desde a mais clássica de mostrar o controle que Saverio exerce, chegando a impedir à terapeuta qualquer atividade de pensamento, até a mais descritiva de mostrar como "deixa passar o tempo sem que possa ou deva acontecer nada", ou a mais diretamente relacional "me parece que você se comporta na sala como se eu não existisse ou fosse muito perigosa", ou então aproximar-se do terror do "camaleão", que sempre precisa se mimetizar por medo de ser dilacerado pelo bico das aves de rapina ou pelas palavras da terapeuta. Todas essas opções levariam ao desenvolvimento de diferentes histórias possíveis.

Figura 1.1

Porém, há um outro caminho: o de contribuir para mudar as coordenadas emocionais-climáticas do campo, razão pela qual Saverio não teria mais necessidade de fazer o papel do camaleão.

Sou conduzido a esta opção por uma imediata associação com o livro de Ferrandino, *Saverio do noroeste*, em que é descrita a apaixonante história de um garoto que precisa sobreviver em uma floresta na fronteira do Canadá, enfrentando todo tipo de dificuldade, até mesmo uma luta violenta com uma águia que o fere, mas a qual ele vence, para não mencionar a luta com um terrível urso que acordou da hibernação, além das adversidades climáticas.

Desta forma, abre-se aos meus olhos, e depois aos da terapeuta, este outro bosque de Saverio, do qual havia permanecido "vivo" somente o perfume, guardado na caixinha, enquanto todo o resto havia sido como liofilizado ou, melhor ainda, cindido e enviado a uma distância enorme, ainda que continuasse pressionando continuamente para retornar ao campo, fazendo com que Saverio atuasse constantemente com defesas de evitação.

Na realidade, é como se a mãe de Saverio tivesse podido colocar à disposição do filho nada mais do que uma pequena caixinha-mente que podia "conter" somente o perfume do bosque e não todos os outros moradores.

Abre-se assim, com Saverio, uma "história do bosque", justamente a partir da caixinha com perfume, que progressivamente será ampliada graças ao trabalho na sala de terapia (Ambrosiano & Gaburri, 2003).

No fundo, há uma necessária oscilação entre criatividade e técnica C ↔ T: uma está a serviço da outra; há momentos em que a técnica prevalece, com diferentes opções possíveis, outros em que a *rêverie*, a fantasia, prevalece, e estes são momentos muito fecundos, que permitem novas e imprevistas aberturas de sentido. Naturalmente, estas últimas são "específicas da dupla" e fazem com que a terapia caminhe naquela direção e não em outras, e não seriam possíveis com terapeutas diferentes, que teriam outras *rêveries* e abririam diferentes mundos possíveis.

Naturalmente, é necessário e ético que a abertura de mundos se dê a partir dos ingredientes emocionais trazidos pelo paciente, e que não haja abertura de mundos que prevariquem e alterem os protonarremas do paciente.

Uma escolha interpretativa mais técnica é mais segura, mas frequentemente menos fértil. Uma opção mais criativa tem mais riscos de derivas subjetivas, mas pode abrir espaços antes impensáveis. É claro que a subjetividade do analista (Renik, 1999) tem um peso enorme, exatamente em relação à sua possibilidade de ser ele mesmo e criativo, ou à necessidade de ser como um "camaleão" com uma teoria que o salvaguarde do risco de pensar de forma original.

Bion dizia que o "pensar" é uma função nova da matéria viva e por isso é complexo e difícil. Na história da psicanálise, encontramos geralmente analistas muito criativos que permitiram que tanto as teorias como a teoria da técnica dessem "saltos" – basta pensar em Klein ou em Bion – e que foram contestados durante a vida para sucessivamente se tornarem modelos a serem imitados. É como se na pintura fosse contestado cada pintor com uma técnica e uma poética próprias, para depois serem aceitos pelas academias os trabalhos "à maneira de". No nosso específico, isto acontece frequentemente nos centros de psicanálise e, mais ainda, nos institutos de psicanálise, toda vez que prevalece um conformismo cinzento e o alarme pela originalidade criativa. Não há estudante (e, eu acrescentaria, docente) de psicanálise que se possa eximir – a esse respeito – da leitura do artigo de Otto Kernberg (1998/1999) sobre as trinta maneiras de impedir o desenvolvimento da criatividade nos jovens analistas.

A escuta malograda

Um paciente grave fala com sua terapeuta, aliás, dirige-lhe perguntas em relação às suas ansiedades e ao pânico.

Esta, em vez de ajudá-lo a desenvolver o tema do dia (ansiedade e pânico), defensivamente faz uma espécie de descrição pedagógica das características dos ataques de pânico.

O paciente responde falando da raiva que sentiu em relação ao instrutor da autoescola, chegando até a querer bater nele. Logo depois, diz que quando se olha no espelho se vê diferente de quando era menor, especialmente após o recente acidente com a moto. Depois fala dos abusos que sofreu, das denúncias que gostaria de fazer.

Toca o celular da terapeuta, ele a convida a responder, a terapeuta o desliga e coloca sobre a mesa.

Ele pergunta: "Posso vê-lo?", a terapeuta responde "não", logo depois ele fala de uma doutora que ele odeia: "eu confiava nela, mas agora não confio mais". Por último, diz diretamente à terapeuta que gostaria que ela fosse mais humana, que talvez pudessem ir até o bar tomar alguma coisa juntos.

A terapeuta responde falando do *setting*.

Esta sessão me parece exemplar para mostrar uma contínua série de mal-entendidos, de rupturas da microcomunicação e de contínuas tentativas (não recolhidas) por parte do paciente para colocar a bola novamente em campo.

O paciente propõe um tema: o pânico.

A terapeuta se subtrai.

O defender-se e o não estar disponível da terapeuta ativam a ira em relação ao "instrutor da autoescola", pois ela, de fato, falha em sua tarefa (ensinar-lhe a dirigir nos meandros das suas emoções).

Sucessivamente, o paciente faz uma reflexão de como, neste ponto da sessão, ele se sentia diferente de quando entrou ("quando eu era menor"), e isto após o acidente (o não acolhimento). Está cheio de raiva, de ira, transformado e irreconhecível. Logo depois, relata o quanto se sente abusado pela falta de escuta e pelas emoções que este fato ativou dentro dele. Espera depois que a terapeuta "responda" à chamada, que se torne disponível à escuta, e mais uma vez ela responde "não".

Ocorre a perda da esperança e da confiança na possibilidade de se perceber ouvido e, mais uma vez, o paciente volta a tentar, desejando uma "maior humanidade" e simplicidade do encontro (ir juntos ao bar), mas a terapeuta considera a comunicação ao pé da letra, defendendo-se de um relacionamento mais "humano" e acolhedor (Bolognini, 2002).

As supervisões em "chave"

Uma das formas mais construtivas e vivas para relacionar com os casos trazidos em supervisão é a de considerar "o caso" apresentado, seja de supervisão individual, seja de grupo, como um "livro policial". Melhor ainda seria usar a terminologia inglesa de *mystery* e considerar tudo o que é apresentado como indícios, como achados altamente significativos. Isso pressupõe zerar todo e qualquer conhecimento psicopatológico e proceder como o tenente Colombo ou o comissário Maigret em busca da "chave" do caso, quase sem dar na vista. Nesta ótica, não há nunca casos banais, ou repetitivos, ou conhecidos desde o início.

Naturalmente, esta abordagem é ainda mais criativa e rica em grupo, porque neste caso temos à disposição aquele aparelho de amplificação que é o próprio grupo e sua função y, para usar a terminologia de Corrao (1981).

O antídoto da senhora Carla

O "caso" é apresentado desta forma: Carla, uma mulher de 45 anos, faz uma terapia por decisão judicial.

Relata ter sido sempre "rejeitada" pelos pais, sendo o irmão o preferido. Tem dois filhos: o primeiro, que ela rejeita porque nasceu "não programado"; o segundo, que sofre de refluxo esofágico e não retém nada, "cospe veneno".

O sintoma predominante de Carla é a bulimia e o consequente vômito constate.

Depois que a terapeuta desmarcou uma sessão, Carla relata que vomitou muito, que sua casa lhe pareceu apertada, mas que agora só quer vestidos curtos e apertados, que colocaria fogo na casa, que nada do marido lhe importa. Gosta de ir ao bar, jogar cartas, empanturrar-se. Depois diz que só pode manifestar 2% de si mesma e que gostaria de vomitar na cabeça do marido.

Naturalmente, infinitos seriam os percursos de significado sobre estas poucas comunicações, mas me parece que uma primeira *gestalt* é a da temática da incontinência. Especialmente – eis a chave – a da bulimia como antídoto.

Por causa da "rejeição" (da História, do objeto interno, do Outro), acende-se em Carla uma quantidade crescente de emoções (raiva, fúria, ira, ciúmes), que então são "estancadas" pela comida, e depois tudo é vomitado, como acontece com a lavagem gástrica após o envenenamento.

Envenena-se com emoções que se ativam dentro dela, às quais não sabe dar um nome, um reconhecimento, uma elaboração; pode somente "usar o carvão ativo da bulimia" e depois a evacuação. Em escala, o mesmo acontece depois da "rejeição" da terapeuta (o cancelamento da sessão): sem uma sessão, há menos lugar, "a casa é apertada", "quer roupas curtas e apertadas", tem uma fúria incendiária, nega qualquer necessidade. Evita a depressão, come e vomita.

Simbiose múltipla

Gabriella, de 6 anos, é levada para a psicoterapia após a separação dos pais.

Tem medo de ir para escola, porque "tem medo que a mãe possa ter um acidente", "que a mãe possa morrer", que "não volte", "que a mãe possa matar".

É necessário dar um passo para trás, saber que os pais, de origem sul-americana, estavam "juntos" desde o primário, em Buenos Aires, desde a idade dos 10 anos; portanto haviam se casado muito jovens, depois tinham tido a menina, e finalmente, com grande sofrimento, tinham se separado por causa de uma relação da senhora com um outro homem, ele também proveniente da América do Sul.

A terapia conduz a bons resultados, mas depois de quatro anos Gabriella volta em virtude do retorno das mesmas temáticas. O cenário mudou: o pai está para se casar com outra mulher, Gabriella dorme sempre com a mãe, mas começa a ter os primeiros interesses pelos rapazes. Como fazer?

Na sessão, traz um sonho: está num passeio, é necessário saltar sobre uma fenda para estar com os outros, alguém quer impedir que faça isso, mas decide saltar da mesma forma, consegue, e chega a um hotel onde há pessoas despedaçadas.

O problema parece justamente o da dialética entre "simbiose e separação". Separar-se ativa raiva, fúria, angústia. Por outro lado, se não nos separamos, não vivemos. O sonho parece dizer que é necessário enfrentar "a fenda", o luto, se queremos viver, ainda que depois a gente se sinta despedaçado.

A chegada da "crise da adolescência" de Gabriella coloca novamente em movimento essas temáticas, e a simbiose múltipla parece encontrar uma nova possibilidade de solução.

Descobre assim que o pai, mesmo casado "com uma outra mulher", não está perdido. Se preocupa em como dizer para a mãe "que está crescendo" e que não poderá ficar com ela para sempre. Percebe que os garotos gostam dela e considera o fato com "preocupação e interesse". Tudo isso entra na sessão, e o campo relacional da sessão adoece justamente da "doença" de Gabriella: tem que "perder" uma sessão para ir com o pai para a praia, mas gostaria de "recuperá-la".

Depois traz um sonho no qual um amigo querido, Carlo, morre e de repente não existe mais, mas as pessoas não estavam desesperadas: ela mesma falava com ele, havia o seu "*ghost*"; depois, sempre no sonho, vai encontrar o pai e lhe confessa que continua vendo Carlo e falando com ele, ainda que esteja morto. O pai tem uma expressão incrédula, como a das pessoas na publicidade da Milka, às quais é relatado que vacas e esquilos foram vistos preparando o chocolate ao leite para depois enviar aos supermercados.

Não é fácil para a terapeuta permanecer neste vértice, que, de um lado, remete à introjeção do objeto ausente e, de outro, ao perpetuar-se da ilusão de que o luto seja evitável, e de outro, ainda, à existência de uma dolorosa realidade da vida: a separação, o luto, a ausência e a morte.

O sonho continua: há um beijo (mas pode haver um beijo com Carlo?); porém, quando se aproxima, "o transpassa" (como não pensar nos belíssimos versos nos quais Ulisses, tendo descido ao Hades, tenta abraçar a mãe, que, porém, não pode ser "pega"?). Mas depois, no sonho, finalmente consegue dar um beijo em Carlo (a terapeuta tinha considerado oportuno aceitar o pedido de reposição da sessão).

Mas estão se aproximando as férias de verão: "Mamãe precisa ir para o hospital"; desenha seu nome dizendo que a letra "i" parece um supositório, seu nome está desenhado com muitas linhas tremidas ou de fratura.

Na separação "alguém" adoece, a separação é algo que nos é infligido, como o supositório, e diante dessa ideia, "treme e explode" de raiva e medo.

Ao sair, olhando para o céu carregado de nuvens, diz: "está prestes a cair um temporal".

No fundo, Gabriella é uma pequena Dumas, que descreve a passagem de *Os três mosqueteiros* (que na realidade eram quatro) a

Vinte anos depois, em que o núcleo simbiótico de Athos, Porthos, Aramis e D'Artagnan ("Um por todos, todos por um") se dissolve na individualidade e nos conflitos que aguardam os nossos mosqueteiros justamente em *Vinte anos depois*.

Qual antidepressivo?

Stefano, oriundo de uma família napolitana de classe alta, pede uma terapia por uma razão específica: "frequenta habitualmente e várias vezes por semana prostitutas e travestis".

Já no primeiro encontro, relata sua trágica "deportação" em um colégio "fino", onde passava fome e onde recebia "os alimentos" que continuava pedindo à sua casa.

Relata depois sobre a grave depressão do pai, que havia se tornado um jogador, e acerca da mãe, igualmente deprimida. Como profissão, é representante de "caixas[1] de papelão".

Depois, relata o fim de uma relação que durara muitos anos, sendo abandonado no final. Não aceitando essa "realidade de abandono", fez as coisas mais incríveis para que Mariella, sua ex-namorada, voltasse para ele.

Desde então, o frequentar prostitutas foi contínuo e compulsivo.

Já neste ponto, é possível fazer a hipótese de uma *gestalt* narrativa que ganha forma: as prostitutas são uma espécie de antidepressivo que ele toma em doses cada vez maiores, para evitar as vivências de abandono, de "fome primária", de inanição que as caixas de papelão não conseguem "conter". O alívio dura pouco e são necessários sempre novos excitantes para evitar uma catástrofe depressiva.

---

1 *Contenitori* no original, que é tanto caixas quanto continentes. [N.T.]

Naturalmente, é de esperar que todas as temáticas do abandono e das "putas" entrem na sessão, coisa que pontualmente acontece. Porém, são as profissionais às quais se dirige para ser aliviado nos intervalos entre as sessões, mas "puta" é também a terapeuta que se ocupa dele por dinheiro, com o preservativo (o *setting)* e com a qual quer aprender os "truques da profissão". Mas, por longo tempo, toda esta parte centrada no desprezo deverá permanecer "em espera", aguardando que novos continentes possam ser construídos.

O campo pontualmente irá adoecer do problema de Stefano: todo final de sessão é o abandono ao qual ele procura sobreviver com maciças doses de "putas", cada reencontro é aquele com uma mãe da qual ele precisa para sobreviver, mas que é continuamente abandonada.

Um tribunal para Marina

No primeiro encontro com a terapeuta, Marina se apresenta com o traje típico do Vale da Aosta, região em que nasceu.

Relata imediatamente o drama de sua vida: 25 anos atrás, quando tinham ido esquiar juntas, sua irmã Nadia – a preferida da mãe – havia morrido tragicamente. Desde então, a vida havia mudado para todos, e "aquilo que não podia ser mencionado tinha abalado a vida de todos".

Marina trabalha a semana toda e passa o sábado e o domingo no Vale.

Fala dessa desgraça de um quarto de século atrás como se tivesse acabado de acontecer, dá a ideia de que o Vale (que ainda não pôde se tornar um vale de lágrimas) constitua uma espécie de enclave fora do tempo, fora da história, onde o tempo parou naquela fatídica data.

Depois fala da depressão da mãe, de seu medo de cair no alcoolismo, do medo que às vezes a domina de perder o controle.

Durante a primeira sessão, relata o sonho que teve após ter lido um livro sobre a morte de Falcone e de Borsellino: "A mãe mata os dois filhos de um chefe da máfia, ela mesma é cúmplice porque fez os filhos saírem de casa, portanto ela também tem culpa".

Neste ponto, parece clara uma trama possível, da qual não se pode conhecer as articulações, mas em que há violência, culpa, mortes, implícitos temores de retaliação, possíveis – talvez – arrependimentos. Talvez haja também Riina e Buscetta?

Podemos pensar que a análise, neste ponto, pode tomar o rumo de um processo que então não pode ser realizado, mas que, na ausência de acusações explícitas, obrigou a paciente a uma perene condição de semiliberdade, de expiação, e de não ter nada próprio por medo de represália.

Culpa, ciúmes, rivalidade, fantasias, desejos (fatos?) agressivos tornam-se as coordenadas de um tribunal de justiça onde será possível celebrar o rito de uma acusação, de uma condenação, e talvez de uma absolvição e de um arrependimento.

Maria Pia e o forno de micro-ondas

Após um pedido telefônico de entrevista, no primeiro encontro chegam os pais e Maria Pia, uma moça de 17 anos.

Os pais pedem inicialmente para falar comigo sozinho, enquanto Maria Pia permanece na sala de espera.

O problema é o emagrecimento, até o medo de sinais de anorexia, da filha, que, depois da repentina perda de dez quilos, teve cessadas as menstruações. Estuda com relativo proveito num colegial linguístico, após ter deixado o colegial clássico onde a mãe dava aula.

O pai está realmente preocupado pela "superficialidade" da filha, que o deixa muito aflito: pai democrático de esquerda, não entende como a filha "queira votar Lega",[2] como não tenha nenhum interesse cultural específico, como tenha podido dizer "tenho vergonha" de dois pais formados e aspire a ter um namorado "bronco".

Também não entende como até dois anos atrás ela fosse extremamente "ligada" a ele, o aguardasse todas as noites para brincarem juntos, e agora mal lhe dirige a palavra. Conclui dizendo: "Daria qualquer coisa para que voltasse a ser menina".

Logo depois, peço para os pais saírem e faço entrar Maria Pia.

Após um breve silêncio, eu quebro as reticências dizendo-lhe: "Bem, diga-me alguma coisa de você."

Responde: "Quero ir para a universidade para fazer Relações Públicas, mas não a dançarina na discoteca, e sim Relações Públicas na Bicocca".[3] Depois conta da escola, do relacionamento mais fácil com a mãe, mais difícil com o pai. É uma moça muito bonita, poderia ser manequim, ainda que, em alguns momentos, apareçam no rosto traços de criança.

Quando lhe digo que o pai me contou que quando era pequena brincavam muito juntos, se ilumina e me conta das muitas brincadeiras, de jogos com a Barbie que duraram até dois anos atrás. Chama minha atenção o quanto ela alterna momentos de autêntico contato (como no sorriso de resposta quando lhe digo que tenho a impressão de que "há uma Maria Pia secreta" que se deixa conhecer somente por poucos) a momentos de superficialidade, de banalidade no limite da burrice emocional.

Por último, chegamos a um sonho: está em casa, quando aparece uma pata que a aterroriza, tenta pegá-la, consegue, coloca-a dentro do forno de micro-ondas, tentando e esperando cozinhá-la, mas a

---

2 Lega (Liga) é o nome de um partido político separatista e também a conjugação no tempo presente do verbo *legare*, que significa ligar. [N.T.]

3 Bicocca é o nome de uma universidade de Milão. [N.T.]

pata pula para fora "não cozida" e mais ameaçadora do que antes. Pergunto-lhe se gostaria de ter alguém que a ajudasse a "cozinhar essa pata" e, aliviada, me diz que esse foi o motivo pelo qual veio para a entrevista sem opor dificuldade.

Combinamos uma terapia.

Com Maria Pia foi suficiente um encontro para fazer uma hipótese de significados: o fato de ter-se tornado, repentinamente, uma adolescente muito bonita a tinha desorientado. Por um lado, não sabe como dissolver as velhas ligações, aliás ainda "vota nelas" (vota "Lega") até fazer sumir as menstruações: compartilha com o pai, e em parte com a mãe, o projeto de permanecer criança (a *bi-cocca*: *cocca*[4] da mamãe e *cocca* do papai), mas de algum modo também é necessário crescer, é necessário de algum modo se diferenciar, adquirir uma maneira de ser "diferente" que a distinga e separe dos pais. Mas há o luto que ainda não se pôde realizar, portanto a identidade adulta é um pouco "pseudo", e aqui aparece a moça superficial, "a pata" justamente, que a persegue não dispondo ainda dos instrumentos adequados para "cozinhar a pata" e para votar não mais "liga", mas "des-liga" e enfrentando (junto com os pais) o luto pela infância irremediavelmente perdida.

Vou concluir a exposição destas sequências clínicas, mas gostaria somente de enfatizar como, em todos os casos descritos, há a possibilidade de gerar uma "*gestalt*" (provisória) que organiza fatos, vivências, personagens em uma narração possível que seja uma "nova ocasião" para metabolizar o que "ali e então" não pôde ser "digerido": o "aqui e agora" torna-se aquele espaço-tempo em que o impensável poderá tornar-se pensado e como tal poderá tecer novamente traumas que permaneceram dilacerados, mas ainda (e este é o sentido e o objetivo da análise), permitirá a introjeção desta

4 *Cocca* significa queridinha, em italiano; *bi-cocca* seria, então, duas vezes queridinha. [N.T.]

função "tecedora de histórias", "narradoras de emoções por meio de memórias, rememorações e personagens", que em outra parte (Ferro, 1996) eu defini como "narrador interno".

Por parte do analista, deve haver uma cooperação ao roteiro, introduzindo, modulando os personagens que frequentemente sincretizam aglomerados de emoções, deixando que seja o paciente quem traga na sessão a maioria dos "novelos narrativos".

No fundo, é melhor uma relativa abstenção nesta operação facilitadora, em vez de um forçar de significado com a introdução de "fios" que tragam estados de mente, defesas, teorias do analista no lugar de *rêverie* (Boniamino, 1993).

Como falar para ser compreendido

Um problema específico é colocado por aqueles pacientes com os quais a própria comunicação na sala de análise torna-se o centro do problema.

Pacientes autistas ou com forte estrutura autística

Para estes pacientes (e também para os núcleos autísticos de pacientes com algum tipo de patologia) já é problemático o nível de formação do "pictograma emocional" (Rocha Barros, 2000; Ferro, 1992; Bion, 1962/1972; Botella & Botella, 2003/2004), portanto são necessárias contribuições mínimas do analista para não colocar doses de sensorialidade ou de estimulação que sejam superiores à capacidade do paciente de alfabetizá-las.

Não pode haver nenhuma atividade interpretativa ativa, centrada no mundo interno do paciente, ou sobre a relação: as cotas de protoemoções que se ativam causam uma imediata evacuação dessas protoemoções, não havendo uma capacidade da mente para transformá-las em imagens, em emoções, em vivências, em pensamento. Por um longo tempo, o analista só pode se colocar na função de "coro grego" que comenta o que acontece na cena.

Um aspecto importante é também a tonalidade afetiva, a qualidade emocional da voz. De fato, essa tonalidade é percebida antes de qualquer possível conteúdo.

Qualquer excesso interpretativo, mesmo "verdadeiro", resulta em uma voltagem excessiva que queima os fios ainda inadequados para suportá-la e causa uma derrocada da rede comunicativa.

O telefone de Marcello

Marcello é uma criança autista que encontrou uma terapeuta capaz de calibrar suas intervenções, de forma que se criou um ambiente que permite uma progressiva "abertura" da criança, que agora brinca livremente e, às vezes, cantarola durante as sessões.

A terapeuta comenta e descreve em paralelo as brincadeiras que Marcello faz usando muitas variações de tom, significando e descrevendo diferentes matizes emocionais.

Em uma sessão, Marcello começa um jogo no qual mostra uma crescente aquisição de "confiança" em poder se soltar: sobe numa cadeirinha e deixa-se ir para trás sabendo que será contido na queda pela terapeuta. O jogo é repetido várias vezes e a terapeuta o segura firmemente de maneira que ele se sinta "recolhido", comentando verbalmente a confiança que Marcello tem em "se soltar".

Neste ponto Marcello caminha em direção ao telefone de brinquedo, do qual conhece o funcionamento, e aperta a tecla que o faz tocar. Levanta o microfone e, pela primeira vez em absoluto, diz "...onto... onto...". A terapeuta evita uma resposta direta e até um comentário direto sobre o novo fato e se limita a dizer: "Que legal ouvir o telefone que toca". O jogo continua.

Isto foi possível graças à capacidade da terapeuta de ficar no jogo corpóreo que Marcello tinha proposto: "a experiência de ser contido" e a capacidade de segurá-lo inclusive verbalmente, e de se colocar de forma não intrusiva. Isto acontece depois que, alguns meses antes, a um telefonema de Marcello, a terapeuta havia respondido interpretando o desejo de Marcello de "querer falar": daquele momento em diante, durante meses, Marcello não tinha emitido mais nenhuma sílaba.

Quero dizer que o analista deve introduzir no campo, na rede, aquela voltagem que às vezes pode ser também mínima.

Naturalmente, diferente é o problema de crianças com traços autísticos, com as quais o respeito pelo texto manifesto da comunicação já é suficiente, com uma cautelosa descrição em paralelo das emoções que podem aparecer.

Os trens de Luca

Luca havia iniciado uma terapia aos 7 anos. Apresentava características de tipo autístico, com muitas estereotipias, tiques, rituais para adormecer e com uma fobia por tudo o que "era vivo", desde insetos até borboletas. Por um longo tempo havia desenhado cenas inanimadas, plantas de cidades, trens. Estas, aos poucos, tornaram-se cidades com lampiões e plantas, os trens começaram a transportar explosivos e alimentos. Neste meio-tempo, ele continuava desenhando sinalizações de rua, especialmente os de "proibido". Até que começou a poder desenhar lampiões com aspecto humano e, finalmente, cães, gatos, cavalos, começando contemporaneamente a poder viver e explicitar "emoções" cada vez mais "vivas" que não o aterrorizavam mais.

O mesmo percurso, menos grave, foi o de uma criança que tinha uma fobia paralisadora por sujeira, e que precisava limpar tudo com desinfetante.

Não tolerava ser "infestado" por nenhuma emoção; progressivamente, sentindo-se acompanhado no encontro com coisas antes inacessíveis, começou a entrar em contato "com outras crianças", com "o gato da vizinha", com "os pombos da praça", sempre com uma grande e contínua continência interpretativa por parte do analista, que, mesmo tendo sempre em mente o significado relacional e simbólico destas comunicações, por um longo tempo foi capaz de seguir o texto manifesto da comunicação, com uma função de acolhimento, de nomeação, de regularização das emoções que começavam a ganhar vida.

Está subentendido que depois chega o momento em que o que foi depositado na mente do analista pode ser compartilhado com o paciente. Por outro lado, é inegável que existam pacientes com os quais isso é possível desde o início.

Pacientes com deficiência no aparelho para pensar

O fauno de Marzia

Marzia tem 44 anos e é uma advogada bem-sucedida. Começa uma terapia trazendo como problema a grave doença psíquica do marido. Este é descrito como alguém que alterna fases maníacas e depressivas, com momentos delirantes. Exige contínuas e excitantes relações sexuais, que se tornam um tormento.

Após um ano de terapia, chega-se à separação de "Giorgio".

Nesse meio-tempo, ganha corpo o relato da própria infância, da mãe sempre deprimida, na cama, ausente. Quando era bem pequena, Marzia, brincando com o irmão, havia colocado um dedo entre os raios da bicicleta deste, amputando-o. Então, havia se iniciado uma série de intervenções cirúrgicas muito dolorosas, das quais a mãe era uma ferrenha defensora.

Nesse ponto da terapia, nasce uma nova história com Matteo, pessoa atenciosa, delicada, da qual se afasta porque acende nela emoções que frequentemente a inundam e que não sabe "administrar". Quando este se afasta por umas férias, Marzia diz que "colocará no pescoço o pingente do caro defunto", fazendo referência a um colar com pingente que Matteo lhe dera: naturalmente, tudo acontece em concomitância com as férias de verão.

Depois, decide iniciar uma dieta de alface e verduras cozidas.

Ao longo da terapia, dirá que embaixo de sua casa há um bar do qual provém muito barulho.

Mas qual é a situação descrita, se a desconstruímos de seu estatuto de relato realístico?

O "marido" do qual nos fala Marzia pode ser pensado, em primeira instância, como uma espécie de tóxico antidepressivo do qual teve necessidade para não precipitar na depressão. Em um segundo momento, poderá ser visto como um "funcionamento" cindido da própria paciente. Iniciada a terapia, não é mais necessário um excitante tão drástico.

A análise permite a elaboração da depressão infantil secundária pelo abandono por parte de uma mãe ausente, por sua vez também psiquicamente "ausente"; uma mãe que para ser ativada necessita que aconteça um drama: é necessário que corra sangue.

Nesse ponto, Giorgio pode ser substituído por Matteo; de um lado, transformação de Giorgio; de outro, modalidade de relação transferencial. Porém, a separação desperta emoções fortes demais, quem a deixa deve ser castrado, surge raiva, fúria, ciúmes, vingança, e Marzia não tem os instrumentos mentais para metabolizá-los. Sente-se tão mal que "inicia a dieta da salada", de alguma forma se "herbivoriza", coloca uma maior distância nas relações, permanece em um baixo regime de emoções que lhe é mais tolerável. Porém, há também a sinalização de que no bar "embaixo" há algo que pulsa, que vive, e que, mais cedo ou mais tarde, será possível passar da "alface" ao "bosque". O nome do bar é "O Sátiro".

Com um paciente assim, que teve carências de base nos cuidados, não é suficiente a interpretação/decodificação da necessidade.

De fato, é como se chegasse na nossa casa alguém com uma fome terrível, que dissesse "que vazio sinto na barriga" e nós lhe respondêssemos "você está me dizendo que está com fome", em vez de dar-lhe comida.

Este nível mencionado pode servir para os pacientes com aparelhagem suficiente, para os quais dizer "você está com fome" é colocá-los em contato com uma necessidade que permaneceu inatingível e que, ao ser explicitada, não pressiona mais, ou para os que têm os instrumentos para prover.

Ao contrário, com pacientes com fortes "carências" é necessário "dar de comer", já que fazer simplesmente a tradução simultânea do que eles disseram é, mais uma vez, "não oferecer alimento" para o desenvolvimento de sua mente. O alimento para a mente consiste em exercitar com eles e por eles, aquelas funções mentais que então, na sua história, não foram exercitadas: ouvir, acolher, responder de forma coerente, manter na mente, isto é, exercitar aquela "função α" que lhes faltou na história.

Não conhecemos todos os fatores da função α, mas a partir de Bion (1962/1972) algo já sabemos e algo podemos derivar de nossas experiências com estes pacientes que nos pedem um empenho emocional mental muito além daquele da interpretação. Isto nos permite uma breve digressão em relação ao uso do modelo freudiano, que é utilizável quando se pode trabalhar sobre os conteúdos da vida mental do paciente, recalcados ou cindidos que sejam, enquanto é completamente inadequado quando são necessárias operações anteriores, que servem para consertar, às vezes também de forma significativa, o próprio aparelho para pensar os pensamentos.

Para concluir este primeiro capítulo, trago exemplos clínicos que, de forma variável, são como quimeras entre as várias "áreas" de sofrimento como eu as descrevi anteriormente (Ferro, 2002a).

A concretude de Marco

Marco, engenheiro eletrônico, é um paciente com o qual é fácil captar a comunicação transferencial, mas a quem é impossível oferecê-la diretamente.

Começa uma sessão antes das férias falando das terríveis dores que sente e dizendo que teria necessidade de dobrar, aliás triplicar, as doses do remédio que toma. Depois fala da morte do gato e de que (está no terceiro ano de terapia) este é o terceiro ano que, antes do verão, tem lutos: no ano passado um gato, no verão anterior uma gatinha. No final da sessão, tem um forte "soluço". A tentativa interpretativa da terapeuta, que tenta captar a maior necessidade de cuidados-sessão-remédio, o luto e o choro pelas férias, não surte nenhum efeito: aliás, na sessão seguinte falará da dor de barriga por causa de uma comida nojenta que foi obrigado a engolir.

Um paciente deste tipo não possui um lugar onde colocar as interpretações: será necessário ajudá-lo a "nadar" até a capacidade de pensar as emoções. Isso poderá ser feito por meio da disponibilidade do terapeuta em permanecer, pelo tempo que for necessário, no texto manifesto, limitando-se em compartilhar/descrever novamente a vivência do paciente, até que este tenha desenvolvido introjetivamente o intestino/função mental para reter, digerir e assimilar as interpretações. Mas, por um longo tempo, *o intestino* do paciente só poderá ser a mente do analista.

Fundamental é a resposta à interpretação. Se por acaso, diante de um aumento da dosagem interpretativa, uma paciente respondesse "ontem meu filho chorou a noite inteira porque o meu marido queria obrigá-lo a comer todo o macarrão, quando ele tinha tomado lanche havia pouco e não conseguia engolir nenhuma outra comida", esta só poderia ser uma sinalização de um "excesso" interpretativo que não encontra lugar.

Caso essa mesma paciente dissesse "ontem à noite meu marido me deixou extenuada com suas carícias, sem se decidir a finalizar as preliminares", de um certo ponto de vista estaria sinalizando a necessidade de uma atividade interpretativa "penetrante", que não deveria ser explicitada necessariamente, mas "atuada" com intervenções mais incisivas, ao passo que no caso da primeira resposta, deveria ser "atuado" um *timing* interpretativo menos premente (D. Quinodoz, 2003/2004).

Um lugar para Attila

Alessandro é uma criança de 9 anos cujos pais administram uma comunidade de pessoas desajustadas, sofre de enurese, tem pesadelos noturnos, tem dificuldade de tolerar qualquer frustração.

Aparece logo, na história relada pelos pais, como o máximo divisor comum, a incontinência, a incapacidade de Alessandro de conter estados emocionais que não consegue "digerir" e em relação aos quais tem indigestão (os pesadelos), ou os evacua com "terríveis dores de cabeça".

Na primeira sessão, Alessandro fala logo de seu cachorro Attila, que não encontra nunca uma fêmea que o queira. Depois, faz um desenho no qual representa um coelho que, porém, tem garras e um rabo enorme que parece uma língua de fogo, e depois um vulcão em erupção. Desenha sucessivamente o depósito de Tio Patinhas, no qual, no lugar do símbolo do dólar $, está desenhado um S de tal forma que parece uma enorme cobra apertada dentro de uma caixa.

Desde o início parece relatar o que acontece se a mente dos pais está ocupada pelas suas próprias valências depressivas (os desajustados).

A A-rabia[5] *de Linda*

Linda é uma menina – relata a mãe – que, por causa do trabalho do pai, viveu por um longo tempo no Congo e na Arábia. É trazida para a entrevista por causa de uma enurese frequente e pelos pesadelos que a acordam quase todas as noites. A mãe parece "tipo freira", que deseja tudo perfeito, em ordem; sente muito o peso da ausência do marido, que agora trabalha em uma cidade europeia, não muito distante.

No primeiro encontro, Linda coloca, dentro do recinto que constrói, "o cavalo enfurecido", e em volta da cerca, algumas "bombas". Muitos animais permanecem fora do recinto e "fogem".

Parece evidente como, também para Linda, há um problema em relação à possibilidade de contenção das emoções, que de outra forma "escapam", como acontece na enurese, e que não encontram formas de serem contidas no sonho.

Mas o interesse de Linda progressivamente se desenvolve a respeito de "quem mora na casa de cima": certamente há uma moradia e, baseando-se nas explorações que faz antes das sessões, começa a descrever este lugar em cima: há uma porta, um portão, talvez correntes... devia ser habitado por "alguém que foi embora", dando assim a chave para recuperar a menina do Congo, da Arábia, eliminada porque não encontrava lugar na mente de uma mãe rígida e sobrecarregada, e que continuamente era evacuada de todos os lugares, seja com sonhos que não conseguem conter tudo, seja com a enurese.

Gostaria de fazer um comentário à parte em relação à atitude nas supervisões: eu não pergunto nada, espero que quem traz o

---

5 No original, A-rabia remete tanto a *Arábia* quanto a *rabbia* (raiva). [N.T.]

caso me "diga" e tudo aquilo que diz constitui uma comunicação significativa. Por exemplo, nunca pergunto o nome do paciente, e se isto me é relatado, por isso mesmo pode ter uma relevância: como no caso de Cristiana, que a mim logo tinha evocado Bárbara, ou de Linda, que logo tinha evocado a "sujeira" da parte cindida ou – o que é a mesma coisa – a "não Linda" cindida.

A imaculada de Loano

Daniela, estudante de línguas orientais, é uma moça anoréxica, com rituais de limpeza que incluem, inclusive, "o lavar" o estômago e o intestino com complexas e extenuantes "lavagens".

Diz que provém de Loano e que tem "medo de todas as novidades", precisa tentar ficar quieta, não ouvir os outros para evitar "ser destroçada por tempestades emocionais". Portanto, parece que não pode tolerar estar suja por nenhuma emoção e que a anorexia foi a forma escolhida para manter sob controle, cindidas, controladas, todas aquelas emoções que ela sabe não ter condições de digerir, e das quais deve "limpar" qualquer vestígio mesmo que continuem se formando.

À medida que a terapia procede, começa a lidar com essas emoções, ainda que de forma imaginária: "Estou furiosa como uma hiena", "tenho uma família de merda", e além disso dirá que está perturbada, e muito, também pelos "pensamentos positivos" de retomar a escola, de trabalhar e ter uma criança. Isto é, não só as emoções "fortes e negativas", mas também as "positivas" devem ser evacuadas, apagadas, isto porque Daniela não dispõe do aparato para contê-las e metabolizá-las (carência de ♀♂ e de função α), portanto recomeça a vomitar.

A emoção é, para Daniela, algo que a suja (e isto, independentemente do valor positivo ou negativo da emoção), e o único desejo é o de estar limpa. Este estar suja pelas emoções é sinalizado também no seu provir de Loano, e toda sua atividade foi, por um longo tempo, em função de se tornar "imaculada".

O suor de Stefano

Stefano, um jovem engenheiro de 35 anos, pede ajuda para um problema que o aflige e que torna sua vida difícil: a fobia de "ficar vermelho e suar" na presença de uma mulher que lhe agracie. Isto não acontece com as outras mulheres, com as quais tem relações frequentes e não significativas. O problema se refere somente às mulheres de que poderia gostar e envolver-se emocionalmente.

Depois, sempre no primeiro encontro, fala de um "tio muito estranho", e do medo de poder ficar como ele. Depois fala da fragilidade da mãe e do ódio mudo que sente em relação ao pai.

Lembra que, quando criança, podia adormecer somente quando a mãe, cabeleireira, terminava de trabalhar, às vezes muito tarde, até depois da meia-noite: ele a aguardava deitado atrás da porta que separava a sua casa do salão da mãe.

Depois, relata as últimas três histórias importantes e que em todas acabou batendo na companheira, em seguida a explosões de ira.

Já a partir da apresentação, podemos pensar vários percursos imaginativos: o "sonho" que eu faria sobre as comunicações do paciente é o de seu temor a respeito das relações nas quais se fica envolvido, porque estas acendem paixões que depois transbordam, nos incendeiam (o enrubescer) e nem sempre a instalação de refrigeração (o suor) consegue conter os incêndios emocionais. Às vezes, estes fogem ao controle, o paciente "enlouquece" como o tio, não mantém o limite e tem condutas imprevisíveis e violentas, até a violência física em relação às pessoas que ama. No encontro seguinte, relata ter tomado muitas duchas (o suor?) por causa do grande calor, e pergunta à sua possível futura analista se é verdade que os analistas precisam ser "frios e distantes" (a garantia de uma função de refrigeração das paixões?) e se ela escolheu psiquiatria porque "o sangue a incomodava" (um aviso a respeito da existência de um Barba Azul?).

Penso que é importante "sonhar" cada primeiro encontro, dando vida a uma espécie de roteiro-cenografia que organize as comunicações em uma *gestalt* significativa, que os episódios seguintes confirmarão ou não.

O suor de Martino

Como comprovação de que o mesmo sintoma pode remeter a cenas diferentes, falo de Martino, que pede uma entrevista porque está abatido pelo problema de seu constante e incessante suar em todas as estações. Todas as abordagens médicas fracassaram.

Filho de um pai muito bem-sucedido no plano profissional, teme não estar nunca à altura de seu inalcançável Ideal de Ego, enquanto fala dos esforços de sua existência, vivida sempre correndo para alcançar as expectativas próprias e da família.

Surge em minha mente uma daquelas clássicas cenas de corridas ciclísticas: o pobre ciclista em subida, que pedala, pedala, exausto e muito suado. Penso que esta seja uma boa pista para começar o trabalho com Martino: certamente não é fácil pensar-se filho de Coppi ou Bartali e ir para a pista com tranquilidade; aliás, é bem o oposto: qualquer projeto – diria qualquer instante do dia – se torna uma etapa do giro da França, com a camiseta amarela cada vez mais ensopada de suor.

O dique de Verônica

Verônica é descrita pelos pais como uma criança "tímida" e "fechada" e que é "muda", especialmente na escola, onde não fala com os professores. A mãe, principalmente, se mostra muito preocupada e ansiosa, cansada e irritada de ter que cuidar de três filhos pequenos (Verônica tem dois irmãos), além do trabalho.

A terapeuta conta ter começado a pensar, à medida que a mãe falava, nas mães que recentemente tinham matado seus filhos.

É um resumo muito reduzido, mas creio que já nos permite formular hipóteses de significado, especialmente se considerarmos "a contratransferência" da terapeuta como um lugar do campo: existe uma dinâmica oscilatória entre hipercontrole (a mudez de Verônica) e descontrole (a mãe que mata), isto é, uma oscilação entre modalidades extremas de hipercontinência e de incontinência: ou as emoções escapam e arrastam na enxurrada como um rio que extravasa, ou são construídos "diques" que bloqueiam todo o fluxo.

Nos encontros com a terapeuta, Verônica progressivamente se solta, falando dos "monstros e das espadas" com as quais brinca; depois ela se informa se há "outras crianças"; desenha um castelo em cujas janelas há cortinas que, porém, parecem justamente dois perfis colocados um em frente ao outro, e depois as celas, com barras e os prisioneiros dentro; relata de "um menino que adoeceu e morreu", e finalmente as mordidas que o irmão maior lhe dá.

Se olharmos para as comunicações da menina como para personagens em busca de autor, não é difícil pensar que no campo estão presentes "monstros e espadas", que há a pergunta se serão acolhidos aspectos de si desconhecidos e não integrados ("outras crianças") e, especialmente, que partes segregadas ou consideradas mortas (os prisioneiros do castelo, o menino morto, os dois perfis) poderão encontrar espaço e possibilidade de narração, também por meio das "mordidas" do irmão e aos poucos por meio de outros personagens que ganharão vida nas sessões seguintes como "o homem-aranha", "os fantasmas", "ursos, leões e crocodilos".

2. Digressões sobre a interpretação

Amiúde, muitos analistas pensam que o específico da análise é interpretar, fazer um discurso diferente daquele feito pelo paciente, que revele o significado profundo de sua comunicação. Faz tempo que me ocupo deste tema, desde o artigo com Bezoari (Bezoari & Ferro, 1992), até as reflexões mais recentes cujo objeto foi o campo analítico, primeiramente na formulação dos Baranger, e depois na de Corrao (Riolo, 1989).

Há muitos pacientes com os quais operações interpretativas fortes são completamente impossíveis e, por muito tempo, são necessárias operações que, embora centradas em uma escuta analítica e transferencial de cada uma de suas comunicações, precisam de uma restituição "homogeneizada" que tenha como vetor a sua própria linguagem.

Com estes pacientes, durante muito tempo, são possíveis apenas operações de reformulação de tudo o que disseram (como está ilustrado na Figura 2.1).

Reformulação →
- Novo jogo de luzes
- Desintoxicação
- Recebimento de retorno: terem sido compreendidos
- Uníssono: desenvolvimento de ♀

Figura 2.1

Se após uma interpretação, uma paciente dissesse que tem "o escapamento que faz barulho" ou que "se não lhe fizerem uma proposta de trabalho concreta, deixará o local em que trabalha" ou "que está cansada de fazer um trabalho assim, que não serve para nada", mais do que pensar em toda uma gama de interpretações possíveis, desde a inveja até a não tolerância à dependência, eu me perguntaria como é que hoje eu devo falar para ser entendido e compreendido pela paciente. Não há dúvida de que um paciente assim ("pretendem que de repente fale o inglês") não tem nenhum conhecimento da língua analítica, e tem de ser conduzido em direção a essa nova aquisição.

Um paciente fala o tempo todo, com angústia, das dificuldades escolares, afetivas e emocionais do filho adolescente. Para mim, é absolutamente evidente que ele está falando de aspectos "próprios" com os quais não pode entrar em contato de outra forma, mas o fato de eu aceitar ficar no texto narrado ("os problemas do filho") me permite trabalhar com ele em torno destes problemas até compartilhar com ele outros pontos de vista: aquele de uma grande sensibilidade do filho e, especialmente, aquele de estar sujeito a mais estímulos externos do que ele pode absorver e mentalizar ("lembro dele pequenino, com os olhos arregalados para o mundo, sobressaltando a cada estímulo").

Isso permite – depois que o paciente havia dito, no início da sessão, que "no cérebro do meu filho existem zonas intransitáveis e uma destas é constituída pelos traumas que sofreu" – abrir esta zona segregada, na realidade, de si mesmo, contando as próprias e incríveis experiências traumáticas: mas isto pôde acontecer somente depois que o paciente reconheceu uma escuta dos problemas que ele considerava urgentes, ainda que sob a "vestimenta" dos problemas do filho.

Em uma teoria da *relação analista-paciente*, podemos imaginar, em relação a uma sessão qualquer, um esquema do tipo ilustrado na Figura 2.2, no qual existem emoções e afetos "pertinentes" à dupla analítica e outros "pertinentes" a outras relações significativas (digamos de trabalho, afetivas, do cotidiano, da história, da infância e assim por diante).

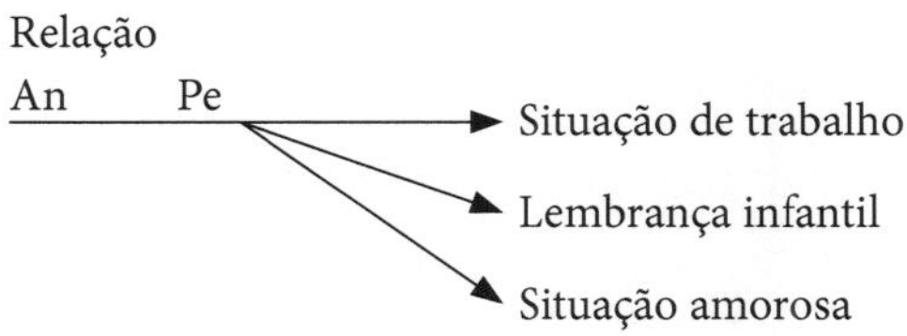

Figura 2.2

Em uma *teoria do campo*, o desenho deveria ser reformulado como na Figura 2.3. Um prisma espaço-temporal determina uma difração da relação em outras relações que permanecem em diferentes cenografias (de trabalho, afetivas, históricas etc.) como aspectos parciais da relação analítica: tudo isso no interior de um campo, indicado com uma linha curva em possível expansão, que compreende todas as difrações e histórias possíveis (Vallino Macciò, 1998).

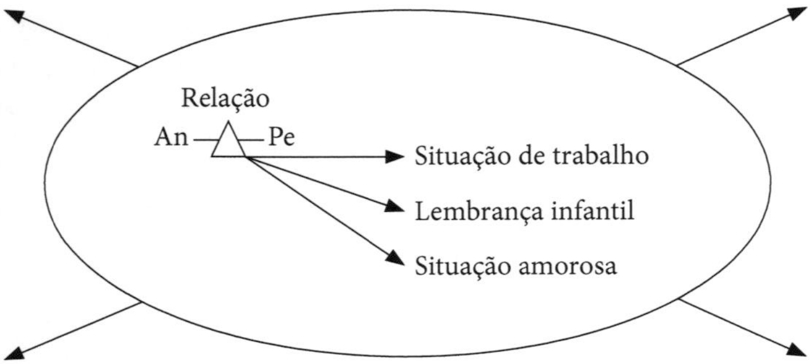

Figura 2.3 Prisma espaço-temporal e campo em expansão.

Isso permite ficar sobre o significado manifesto do texto do paciente, ou sobre uma das histórias colaterais, permanecendo sempre no interior do "campo psicanalítico" onde as transformações acontecem. Às vezes, as comunicações podem permanecer "no campo", às vezes podem ser reconduzidas àquele lugar do campo que chamamos de *Relação*.

Quando um paciente começa a falar, fala de fatos contingentes, da sua história, da sua relação com a mulher ou com os colegas: o nosso ouvido não pode deixar de ser um grande coletor dessas comunicações, que devem ser situadas no interior do "campo analítico" e, como exercício, também na "relação analítica".

Às vezes isso pode ser diretamente devolvido ao paciente, outras vezes tem de ficar no campo, aguardando ulteriores pequenas transformações (Eiziric, 1996).

Os medos de Martino

No primeiro encontro com Martino, uma terapeuta infantil diz ao futuro pequeno paciente: "A mamãe trouxe você aqui porque você é bonzinho fora de casa e prepotente dentro". O menino fica desorientado e em seguida desenha "uma boca que sopra uma vela acesa", "um dedo que arranha", "um dinossauro que pula um muro", uma série de personagens da história do Marinheiro Popeye, enforcados, suicidas, ou pessoas com a cabeça cortada.

Penso que devemos captar todas essas "produções" do menino como resposta à fala da terapeuta. É como se o menino dissesse que "o que você me disse é algo que para mim apaga todas as esperanças, algo que me arranha, algo que me assusta, algo que me desespera". Não creio que – por enquanto – faria sentido captar estas comunicações a partir de outros vértices.

As três sessões seguintes ainda são utilizadas pelo menino para elaborar este "difícil" início.

Chama a minha atenção o fato de que, na supervisão, a terapeuta me relate, com "indignação pedagógica", que, em casa, permitem que Martino jogue no computador um jogo de adultos em especial, no qual alienígenas surgem inesperadamente e invadem a Terra, e Martino, desesperado, chama a mamãe; em seguida a terapeuta afirma estar preocupada porque a criança relata ter mergulhado no mar com bombas de oxigênio, com o pai. Tudo isso sem captar as valências relacionais atuais dessas comunicações: ser invadido por emoções alienígenas e sentir que não recebe ajuda, e depois, porém, o reconhecimento de estar sendo acompanhado pela terapeuta para dar uma olhada "no mundo submerso". No fundo, é como se a terapeuta estivesse contagiada pelo mundo não continente e sem pensamento dos pais e o atuasse na relação com o menino.

O ponto central do meu pensamento, já expresso em vários trabalhos (Ferro, 1996, 1999, 2000a, 2000b, 2002a, 2003), consiste em considerar como o específico psicanalítico em "cultura pura" é a sequência de sensorialidade/protoemoções colocadas em imagens que continuamente a mente produz.

Esse filme de pictogramas emocionais (que em linguagem bioniana poderíamos chamar "sequência de elementos α") não é absolutamente consciente: dele podemos conhecer os "derivados narrativos". Vista a sequência α → α → α os derivados narrativos podem estar muito próximos em relação à sequência ou afastarem-se dela progressivamente, até com graus de distorção máxima. Cabe ao analista realizar a operação de reaproximação dos derivados narrativos à sequência emotivo-pictográfica de base.

Em relação às formulações kleinianas, existem duas grandes diferenças: a primeira, teórica; a segunda, técnica.

A diferença teórica é que cada mente produz elementos α, sequência de elementos α de forma absolutamente específica àquela mente, sendo isso diferente das fantasias inconscientes (ou dos fantasmas originários). Isto aparece de forma evidente no desenho (Figura 2.4) de uma recente (2004) exposição em Arezzo, na qual o mesmo tema, "o rosto humano", é representado por três mestres da pintura de formas radicalmente diferentes.

A diferença técnica é que o "derivado narrativo", por mais distorcido e afastado da sequência pictografada, deve ser seguido e acolhido também em seu significado manifesto e, progressivamente, por meio de sucessivas etapas, reaproximado à sequência de base que é – a nós e ao paciente – desconhecida. No fundo, é como se para encontrar a panela com aquilo que está lá dentro, tivéssemos que seguir o cheiro que ela emana, por mais distante e distorcido, até encontrar "junto com o paciente" a origem de tal cheiro.

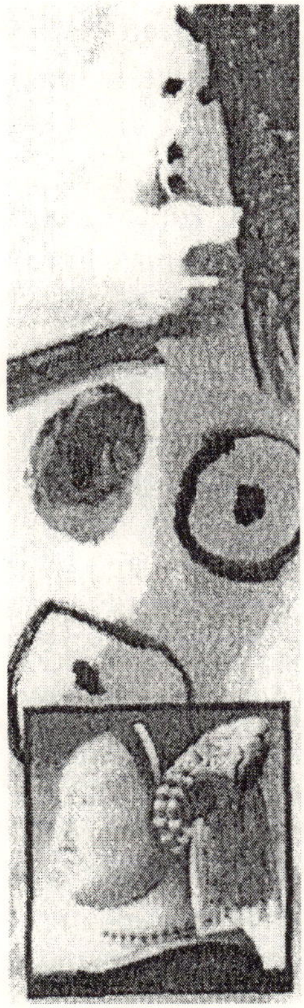

Figura 2.4

Situação mais complexa é, naturalmente, aquela na qual há uma deficiência na origem da formação da sequência dos pictogramas emocionais: a situação na qual há um defeito na capacidade de formar tais pictogramas (em linguagem bioniana, quando estamos na presença de uma deficiência da função α).

Na Figura 2.5, Δ1, Δ2, Δ3, Δ4, Δn representam os derivados narrativos que podem ser escolhidos como gêneros literários, fruto também das defesas colocadas em jogo em relação às verdades emocionais da mente.

Um problema de rivalidade, competição, ciúmes, poderia ser pictografado mediante a seguinte sequência do pensamento onírico da vigília:

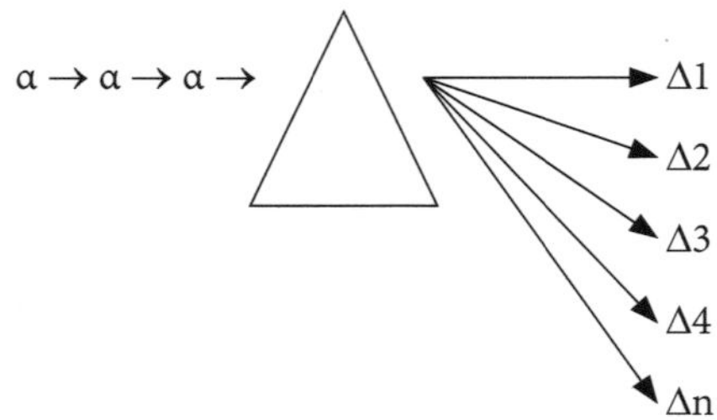

Figura 2.5 Prisma de distorção (defesas, gêneros literários)

Um torneio medieval → dois ciclistas em disparada → Medeia que mata os filhos.

Esta sequência, que permanece inconsciente, poderia manifestar-se, de forma cada vez mais velada, partindo de um sonho, de uma lembrança de infância, de uma notícia, de um relato ouvido, de um filme assistido e assim por diante, sem que haja um limite quanto às possibilidades narrativas. Cabe ao trabalho conjunto de analista e paciente a reaproximação progressiva da originária sequência onírica da vigília.

Por outro lado, na análise tudo é complicado pelo fato de que a mente do analista, por mais estável e analisada que seja, é, com certeza, uma variável do campo analítico e contribui para gerar, também segundo seu próprio funcionamento, os eventos do campo.

A função autoanalítica do analista é o recurso habitual para conectar todas as situações nas quais há um excesso de sofrimento que necessita ser metabolizado para que a mente do analista não suje o campo.

Em um momento de sofrimento (que repercute em meu trabalho analítico por meio de uma menor receptividade e de uma maior atividade interpretativa), tenho um sonho no qual um chefe da máfia chega com um helicóptero em um condomínio e mata o filho que, sendo pintor e cuidando também do bem-estar dos amigos, lhe dava muitas despesas; depois estou em um trem com um amigo médico que é também um sério juiz antimáfia.

Reflito que há uma tentativa da "máfia" de silenciar o custo do sofrimento, simplesmente eliminando-o, mas isso me faz perder o contato com os aspectos criativos que também me custam; a presença do médico me dá a esperança de que possa haver uma escolha de curar o sofrimento em vez de eliminá-lo, e, ao mesmo tempo, o juiz antimáfia me sugere que estão sendo tomadas providências em relação ao atalho de eliminar o sofrimento.

Este sonho não só me recoloca em contato comigo mesmo como também me permite voltar a trabalhar de forma receptiva e criativa.

Um problema significativo é aquele do qual se escuta falar "nos corredores" em diversas ocasiões, referindo-se a um colega de orientação diferente: "Mas isto não é psicanálise"; penso que a frase poderia ser reformulada: "Esta maneira de fazer psicanálise é diferente da minha maneira de fazer psicanálise". Grupos diferentes, em tempos diferentes, em países diferentes, identificaram a "verdadeira psicanálise" em aspectos diferentes e às vezes opostos.

Em muitos subgrupos, o fato de operar continuamente por meio de "interpretações de transferência", sem cuidar do grau de transformação ou de perseguição que podem induzir, é que dá às próprias intervenções o estatuto de "analiticidade". Seria como se fosse qualificado como "ato médico" somente – digamos – as endovenosas: no repertório médico existem atos mais simples e atos certamente mais complexos, e seria ridículo o médico que dissesse: "Se não há endovenosa, não é medicina". Salvo lembrar as "miraculosas" terapias narradas por Molière em *O doente imaginário*.

A adequação a uma hipotética ortodoxia (que por longo tempo só pode levar ao maneirismo) frequentemente é considerada mais importante do que aquela dose de "artisticidade" que todo verdadeiro analista deve possuir, e creio que este seja um dos principais fatores de crise para a psicanálise.

Mas retornemos ao tema do qual falava.

Do meu ponto de vista, o ouvido do analista deve ser como um funil (Figura 2.6). Aquilo que o paciente diz deve ser comboiado para uma escuta relacional de todo o campo, isto é, aquilo que está a 360° deve estar incluído no "eixo relacional atual"; assim, deve transitar, atravessar, se depositar, em várias medidas, na mente do analista, e depois deve sair (enriquecido, transformado) como através de um funil invertido. Aquilo que entra como um discurso ΔN1, ΔN2, ΔNn, deve ser compactado no "discurso relacional" ΔNr, para depois sair e retornar ao paciente como ΔN*1, ΔN*2, ΔN*3, ΔN*n, isto é, como um discurso transformado por meio do trânsito na mente do analista.

Por exemplo, se um paciente fala de uma "nova empresa" que ele gostaria de criar, do "proveito" que dela espera, da "*new economy*" etc., estes discursos só podem ser pensados como discursos relacionais [ΔNr] (o paciente diz que sente a análise como uma empresa da qual se ocupar, da qual espera ganhos, inclusive que há uma nova economia na maneira de enfrentar o vínculo etc.), não podendo – a menos que se torne asfixiante e reduzido a uma mera tradução simultânea – ser devolvidos ao paciente a não ser por meio de seus próprios "narremas", de forma a levar a um desenvolvimento transformador deles.

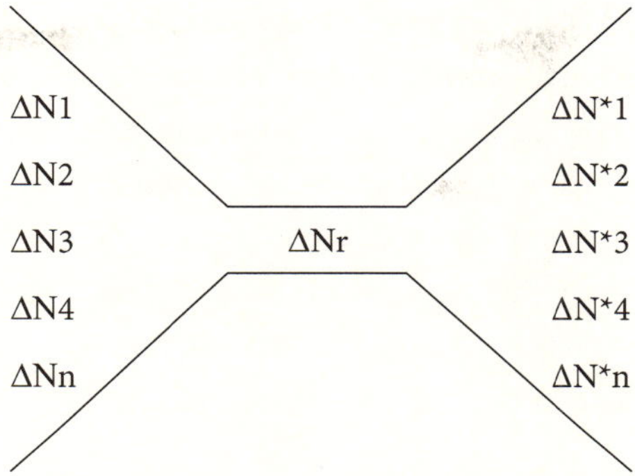

Figura 2.6

Naturalmente, não é sempre assim, pois existem ocasiões nas quais o problema relatado pulsa tão forte na sala de análise que só pode ser interpretado de maneira forte e unívoca por meio de interpretações de transferência.

Se antes das férias uma paciente com problemas de vínculo diz querer deixar o namorado "porque quanto mais ela se esforça na relação menos ele está presente ou, pelo menos, mais ela sente falta dele... e depois, quando chega, ele pretende que ela esteja disponível, ao passo que ela está cheia de raiva e frustração", é inevitável dissolver o nó narrativo na única forma possível – como Alexandre, o Grande: cortando-o com uma interpretação de transferência que revele e mostre à paciente a sua postura afetiva e defensiva.

Mas essa também não é uma regra.

Um advogado, com graves aspectos depressivos, tem um sonho em que aparece a expressão "República das 'bananas'" e no qual está presente o FBI. Associa imediatamente com "bananas" a palavra "chimpanzé".

Sucessivamente, retomo essa palavra quando, finalmente, fala da raiva que sente por quem descuida dele como da "raiva do chimpanzé".

Encontro-me aqui em um bívio interpretativo: poderia dizer "e o FBI me parece excessivo para um chimpanzé com raiva", aliviando o Superego, a perseguição, a culpa, ou, ao contrário, poderia mostrar a intensidade da raiva que retorna como um bumerangue, causando uma depressão que o paralisa. Opto por essa segunda alternativa, dizendo: "Talvez não fosse um chimpanzé, mas um orangotango *serial killer*", num tom, de qualquer forma, leve e que mostrasse um aspecto "jocoso".

O paciente responde dizendo: "Lembro de um sonho em que minha mãe telefonava, ou vinha me visitar e, para mim, era uma catástrofe natural". Isto é, o paciente havia sentido a minha escolha como inadequada, persecutória, invasiva.

Poderia dar essa interpretação, mas nem penso nisso – seria uma nova vinda da mãe "catástrofe natural" – e "cozinho", com os narremas do paciente, a "persecutoriedade" que eu ativei com a minha interpretação.

Capto a angústia, a vivência de intrusão, o medo de ter *ao lado* uma mãe tão invasiva e devastadora, até que surge Lucilla, uma governanta que, quando ele era criança, sabia dar-lhe alívio e serenidade: desta forma, a sessão é construída em tempo real segundo as contínuas indicações que são fornecidas pelo paciente, ou por qualquer outro lugar do campo (que poderia ser a contratransferência do analista, as *rêveries* do analista, o soma de paciente e analista, o *setting* etc.).

Neste ponto, merece ser lembrado mais extensamente o conceito de "transformação narrativa" de Francesco Corrao (1991). Baruzzi e Nebbiosi (1995) retomam o conceito desta forma:

> *Corrao parte do exame das possibilidades da narração mítica de combinar de modo transformador "várias unidades funcionais menores, passíveis de serem identificadas como*

> *narremas", para depois afirmar que o mito, "em virtude de sua forma narrativa . . ., une os elementos de uma história de um modo que lembra a sistematização dos elementos em um sistema dedutivo. Nenhum elemento pode ser compreendido isoladamente, isto é, independentemente de sua relação com os outros elementos". . .. Esse tema seguirá um percurso no qual são consideradas as valências grupais do mito . . ., e a possibilidade específica da narração de operar uma inversão temporal em que a nova combinação dos elementos da narração constitui uma* série narrativa *. . .; por fim é elaborado na formulação fundamental de* peripécia narrativa*: "Uma narrativa pode ser linear e se resolver sem peripécias, ou então complexa, quando se desenvolve por meio de peripécias e obedece a elas, pois contém reconhecimentos que surgem da própria estrutura da narrativa. A peripécia narrativa, por outro lado, como categoria, é a dimensão central das grandes narrações transmitidas, ela é a mudança que se produz no sentido contrário aos acontecimentos em curso, ela é* metabolé*, isto é, reversão temporal. Não só a história, mas nem a filosofia e as ciências exatas, têm esta capacidade de* metabolé*, de reversão temporal, que, ao contrário, é estrutural da narração e certamente é herdada do mito. O conhecimento mítico, portanto, não seria ultrapassado nem teria desaparecido . . ., mas teria transmigrado na estrutura narrativa na função que é semelhante ao verdadeiro".*

No início dos anos 1990, a confluência desses temas, que por outro lado se haviam amplamente entrelaçado em toda a sua obra, conduz Corrao (1991) a formular um postulado geral e fundamental:

> os relatos clínicos, as interpretações na sessão, as teorias explicativas ou hermenêuticas do campo analítico, pertencem todos juntos ao conjunto das categorias dos grupos de transformação de caráter narratológico ou narrativo. *Se é verdade que operar transformações narrativas de ordem literária, histórica ou exegética não significa absolutamente realizar transformações analíticas, podemos, no entanto, assumir a veracidade do contrário, isto é, que as transformações analíticas possuem, em grau extremamente elevado, a dimensão narrativa. Esta deveria ser considerada um dos parâmetros fundamentais do campo psicanalítico, isto é, uma categoria analítica fundamental.*

Estamos muito longe de tudo isso quando o analista tem em mente uma teoria muito saturada e um diagnóstico muito preciso sobre um paciente e faz com que suas interpretações derivem disso, e não de uma "escuta humilde" do que o paciente está tentando comunicar. É contra esse tipo de arrogância cognitiva do analista que Bion opunha a célebre vacina de estar na sessão "sem memória e desejo".

Uma paciente adolescente sonha que está na casa da avó paterna, que corre em volta da mesa de jantar porque estava sendo perseguida por um homem, mas está cada vez mais aterrorizada. Cai, se machuca, levanta novamente e continua correndo.

Mesmo colocando entre parênteses os diferentes níveis que o sonho propõe (Tuckett, 2000), creio que salte aos olhos uma primeira comunicação do tipo: "Sinto-me pressionada, perseguida e aterrorizada pelo *pressing* interpretativo do meu analista: é um calvário".

Essa leitura poderia ser comunicada ou poderia servir como regulador do *timing*, mas o analista, seduzido por um modelo de pertinência e com a ideia de uma paciente com uma substancial estrutura histérica, pensa no sonho como tendo evidente "natureza sexual" e interpreta dizendo que a paciente sentia culpa por ter feito algo errado e pensava que seria castigada pela ligação tão excitante e contagiosa com seu pai. A paciente responde a essa interpretação falando de um desastre aéreo com muitas mortes e se ausenta por dez dias.

Penso ser evidente o fato de que, aqui, o analista está casado com sua teoria e sem nenhum espaço de escuta para o fato de que a paciente sentiu a interpretação do sonho como um "desastre" e restabeleceu um mínimo de esperança, de consonância, faltando às sessões. Isso acontece enquanto o analista continua a se defender como uma criança aterrorizada que se agarra à saia-teorias da mãe-metapsicologia.

Da mesma forma, um analista que procedesse mostrando à paciente, por exemplo, a inveja do pênis, a castração, a cena primária, o Édipo, funcionaria como uma agência de viagens que propusesse uma volta ao mundo e deixasse aos passageiros somente o tempo de fotografar a Torre Eiffel (e então é Paris), a Sagrada Família (e então é Barcelona), a Estátua da Liberdade (e então é Nova York), sem que de fato haja nenhuma viagem: estaríamos na presença do trabalho "parodístico" de uma análise.

Que tipo de "direção" para Licia

Licia é uma paciente que progressivamente vai tendo mais condições de exprimir suas vivências emocionais.

Antes das férias de verão começa a sessão dizendo que está com uma "forte dor nas costas" que surgiu após o abraço-despedida com um amigo que estava partindo.

Logo depois, conta um sonho em que ia ao "novo consultório" do terapeuta, que era também "uma das suas casas passadas"; depois era necessário sair na chuva sem sapatos e, à medida que caminhava, percebia, assustada e surpresa, que em suas pernas cresciam pelos à vista dos olhos.

Na sessão seguinte, a paciente conta outro sonho, em que estava no carro com uma amiga, que, porém, dirigia rápido demais, correndo até riscos.

A paciente assinala desde o início a "dor" pela separação; no sonho parece ser capaz de manter uma ligação entre o novo consultório do momento do reencontro após as férias e o velho consultório (casa) de antes das férias; assinala também o mau tempo, o estar sem equipamento (sapatos-sessão) e o aparecimento de uma "raiva bestial", uma espécie de transformação em Mr. Hyde.

O terapeuta capta a raiva e descreve pontualmente os outros movimentos afetivos.

É evidente, em primeiro lugar, que o segundo sonho pode ser conectado com a atividade interpretativa sobre o sonho da sessão anterior, que tinha sido interpretado "em alta velocidade", mas uma vez que isso foi captado (e até aqui tem a ver com problemas de técnica), há o problema subjetivo (e aqui há o problema de "arte") do que fazer com o que se captou.

A primeira hipótese é a de fornecer uma interpretação saturada do sonho, como: "Talvez, na sessão passada, na forma de interpretar o sonho, você tenha me sentido como um motorista um pouco imprudente"; ou, então, optar por uma intervenção menos saturada, como: "O sonho me faz pensar que é mais tranquilo estar ao lado de um motorista prudente". Do meu ponto de vista, não há uma maneira certa ou errada, há um problema de gosto e sensibilidade e, especialmente, é fundamental a posterior escuta das comunicações do paciente, que, caso fossem, na primeira hipótese, "ontem, no circo, um hipopótamo quase pulou para fora do picadeiro, com o risco de esmagar a todos", sinalizaria uma atividade interpretativa temida como excessiva e invasiva; se, ao contrário, na segunda hipótese, dissesse "ontem fui comer em casa de amigos que me deixaram quase em jejum", sinalizaria a necessidade de uma maior explicitação.

No caso real, o terapeuta não considera muito o sonho e a paciente fala da amiga "Barbara", que é *borderline* porque alterna períodos de grande proximidade com períodos de grande afastamento, retomando o problema das férias e da separação: do ponto de vista dos pacientes, frequentemente agimos como "bárbaros", cuidando deles e com tanta proximidade, para depois deixá-los sem cuidados por ocasião das férias, ou quando nos sentem em "férias interpretativas".

A paciente termina a sessão dizendo que, para a dor que sente nas vértebras, seria necessário o uso do "colar ortopédico", mas que ela não o usa; acrescenta que irá à piscina, mas aceita que os amigos carreguem sua "bolsa".

Parece modular desta forma sua possibilidade de se separar: não à coleira, reconhecimento do vínculo de dependência (talvez apertado demais), sim à ajuda em partir com alguém que segure o "peso" da bolsa.

A água viva de Duilio

Considero interessante fazer uma comparação com as sessões que o mesmo terapeuta fazia nessa mesma época com Duilio, uma criança com muitos aspectos autísticos, mas em grande mobilização emocional.

É a primeira sessão após uma interrupção da terapia por uma semana.

Duilio começa a sessão dizendo, como falando sozinho: "Tem algo que não está bom?".

O terapeuta prontamente responde, dizendo: "Faz alguns dias que não nos vemos, é isso que não está bom".

Duilio brinca de beber em uma garrafinha, dizendo: "Bebo um pouco de água mineral natural, que prazer beber esta água Viva".

Evidentemente, sentiu a intervenção do terapeuta em sintonia e o comenta desta forma. Duilio, antes da semana de interrupção, havia feito um jogo tirando os sapatos do terapeuta, o que é exatamente o simétrico do sonho de Licia de "ficar sem sapatos".

Na criança é um jogo-atuação que significa "eis o que se sente quando tiram de você as sessões (-sapatos), quero que você o sinta", ao passo que na paciente adulta é um sonho que diz a mesma coisa.

Durante a sessão, Duilio prossegue construindo com a varinha mágica (certamente uma defesa onipotente com negação da separação, mas também a capacidade de criar um jogo) e diz "com esta você deve fazer a casinha". O terapeuta, ajudado por Duilio, começa a construir a casinha, que tem três paredes (três são as sessões semanais de Duilio).

Este jogo corresponde ao sonho de Licia do "novo consultório" e da "velha casinha", como uma possibilidade de pensar um espaço dentro da terapia como próprio.

A matrioska de Maura

Uma moça de 19 anos está prestes a terminar uma terapia que durou seis anos. Pega um papel e o divide ao meio, depois a metade ao meio e assim por diante, até chegar ao número seis, os aproxima e depois os coloca um em cima do outro.

Eu lhe digo que me parecem o equivalente a uma matrioska. Maura continua pedindo fita adesiva e os cola um sobre o outro. Pergunto a mim mesmo como retornar-lhe a ideia do possível coabitar de aspectos infantis e cada vez mais adultos, como de fato aconteceu nos anos de terapia, e me pergunto se devo propor uma integração de partes, aspectos ou funcionamentos, ou se, em vez de trabalhar sobre o espaço, devo trabalhar sobre o tempo, propondo uma integração "temporal".

Começo dizendo: "os folhetos são seis, como os nossos anos de trabalho" e logo sou interrompido por Maura, que mostra um "rato" desenhado em um cartão telefônico, dizendo: "Olha que nojo!"; renuncio à explicitação encontrando uma outra forma de sinalizar-lhe o passar do tempo.

Um problema de técnica, como mencionei antes, que se coloca com pacientes altamente carentes no plano afetivo, é o de que a abstinência, o não responder às perguntas diretas, o não fazer perguntas, são atitudes "classificadas" como pertencendo à mesma categoria dos comportamentos traumáticos vividos por causa do desinteresse e da distância afetiva dos pais, portanto o *setting* não só revitaliza aqueles traumas como torna-se cada vez mais um fato terrivelmente traumático.

Parece-me que a única saída é "reatualizar" a situação traumática, reconstruindo-a, e depois, necessariamente, introduzir o que eu chamaria de "amortecedores" em relação à rigidez do *setting*: amortecedores que serão regulados caso a caso, tendo em mente, como ponto de chegada, a sua eliminação (ainda que não seja certo que se possa chegar a isso): isso pode implicar – com estes pacientes e somente com estes – por exemplo, responder com "bom senso analítico" às suas perguntas e aceitar, às vezes, disfarçadas "*self-disclosures*"[1] (não esqueçamos que foi Winnicott [1947/1975], em seu artigo sobre o ódio na contratransferência, quem primeiro se referiu a isso). É necessário, especialmente, que se tenha uma "capacidade técnica tão sofisticada" que não deixe transparecer nenhum "traço de técnica interpretativa" na forma de falar com o paciente.

---

1 *Self-disclosure*: autorrevelação, no sentido que Winnicott explicita no artigo citado. [N.T.]

Naturalmente – posta a necessidade desses amortecedores –, todo o restante do aparato analítico deve ter o máximo rigor: não há comunicação que não necessite ser lida na mente do analista como transferência; não se pode fazer nenhuma concessão em relação ao rigor dos outros aspectos do *setting*; e não há nenhuma transigência em relação à postura analítica do analista na sessão.

São, estes, pacientes com carência de cuidados, de afeto e com uma desconfiança de "base" pronta para se reatualizar diante de qualquer "imperfeição" do percurso analítico (Di Chiara, 2003). Tudo isso necessita ser continuamente "trabalhado", mas sempre com uma ausência (aparente) de qualquer técnica. Sobre estes pacientes, escreveu com rara maestria André Green (1993/1996).

As observações feitas até aqui me levam a distinguir duas formas de ser analista, que gostaria de aproximar a duas formas de ser cozinheiro. Existem aqueles que se prendem com rigor a receitas de um tipo ou de outro, como: "A inveja precisa ser interpretada logo". "A inveja não deve ser interpretada prematuramente." "A interpretação deve ser imediata e somente de transferência." "A interpretação, por um longo tempo, não pode ser de transferência e, com certeza, não imediata." "O conteúdo deve ser interpretado logo." "Atenção, antes é necessário desenvolver o continente!" Existem aqueles que experimentam continuamente ao longo do processo e criam uma receita analítica "especial" para cada paciente: "com aquele paciente naquele dia me pareceu oportuno interpretar na transferência e tive a impressão de que funcionou", ou então, "tive que repensar e fazer uma interpretação apenas tangencial". Esses últimos são analistas-cozinheiros que não têm uma fidelidade às receitas, mas gosto e fidelidade ao "senso" culinário. Esses últimos correm o risco de que alguém confunda a sua forma de operar, que tem muito a ver com a sua forma de ser analista, com uma "receita" e que a imite. Desses, o que se pode obter é o método, não o conteúdo e as modalidades do método. Não podemos pedir que todos os cozinheiros sejam assim; é lícito, legítimo e humano que existam os fiéis das receitas, esclarecendo que, de certa forma, não são tão fiéis ao espírito da psicanálise, mas somente à sua forma.

Os primeiros que eu mencionei têm muitas certezas e sabem o que é certo ou errado. Os segundos duvidam, e isto lhes permite explorar, a cada momento, novas soluções, mesmo sabendo que terão mais trabalho, como aparece no cartaz (presente de R. Basile) da Figura 2.7, mas depois ficarão mais contentes.

Os primeiros entram em crise diante do paciente que não ama o "queijo" (se a receita o prevê!) ou a interpretação de transferência; os segundos se dão bem com o paciente atípico porque permite criar novas e inesperadas receitas. Frequentemente, para chegar a ser analistas do segundo tipo é necessário, durante um longo tempo, tê-lo sido do primeiro, e ter frequentado muitas cozinhas. Por isso, para o desenvolvimento futuro da psicanálise, me preocupa o pouco tempo que hoje em dia muitos analistas dedicam à estrita prática psicanalítica, porque esta última é a única que permite, durante o lento passar dos anos, chegar-se a uma própria e original forma de ser analista que não seja fruto apenas de "academia".

Figura 2.7

Outra peculiaridade desta subdivisão é a de que dois analistas do primeiro tipo da mesma academia se reforçam "adesivamente" sem nenhum desenvolvimento, enquanto dois analistas de duas academias diferentes se chocam sem nenhum desenvolvimento, cada um convencido da certeza da própria academia e da falta de exatidão da do outro. Ao contrário, dois analistas "cozinheiros sem receita" não somente se entendem, mas conseguem se enriquecer reciprocamente.

Mas por que frequentemente funcionam também as análises, digamos, do primeiro tipo? Creio que a resposta seja fácil: porque, de qualquer forma, em análise "fazemos com a nossa mente" muito mais operações do que as que sabemos estar fazendo e, portanto, irão existir zonas de funcionamento que escaparão à academia e que operarão transformações sem que o analista tenha qualquer consciência disso. Por exemplo, se o analista é capaz de ouvir e refletir, ainda que com um modelo – por exemplo – vetero-pulsional, acolherá, de qualquer forma, elementos β e os transformará em α, enquanto acredita estar fazendo uma reconstrução da infância.

Mas voltemos agora ao tema "interpretação".

Uma paciente, no início da sessão, conta que na rua havia alguém que queria enganá-la recolhendo dinheiro para crianças com aids, e depois fala de outras pessoas que a ridicularizam e das quais não sabe o que pensar.

O analista – renunciando à fácil operação de decodificação transferencial – retoma a fala da paciente, a sintetiza e acrescenta que estas experiências não podem deixar de provocar raiva e desorientação.

Voltando ao esquema dos dois prismas da Figura 2.6, esta "raiva e desorientação" é justamente aquele" "*" a mais acrescentado pelo analista. É como se a comunicação (a) do paciente fosse sintetizada na comunicação (a1) do analista, com o acréscimo do pedacinho "*", que determina a transformação. O paciente chega, por exemplo, com um conjunto de segmentos de fala que inicialmente são "arrumados" e aos quais, depois, é acrescentado um segmento a mais ("*") pelo analista.

Esta forma de proceder resulta mais eficaz se a sessão acontece de forma altamente dialógica, em que não haja um "resumo final de significado" por parte do analista, mas uma sucessão de operações a → al + x, b → bl + y, c → c1 + z que permitem uma série de microtransformações praticamente ininterruptas, à medida que se desenvolve a espiral dialógica.

Naturalmente, é necessário que o aporte do fator de transformação "*" seja adequado em relação às capacidades de assimilação do paciente. Como já disse, se for muito, o paciente o sinaliza, da mesma forma que se for muito pouco.

Após uma sessão que se desenvolveu bem, o terapeuta pensa poder fazer uma interpretação forte, decodificante, centrada no mundo interno do paciente. Na sessão seguinte, o paciente começa falando do "chefe que, no trabalho, sempre grita e é prepotente", e depois acrescenta que "ele não gosta da sua forma de trabalhar, tem sempre pressa demais... que às vezes teme que ele o queira matar provocando um incidente".

O terapeuta logo entende o que aconteceu, não o interpreta, e nas intervenções seguintes "acolhe" o que o paciente diz, descrevendo também as emoções envolvidas. Neste ponto, o paciente fala de uma moça que conheceu e com a qual logo houve uma afinidade, e sai do clima persecutório que havia sido causado por aquilo que ele tinha vivido como um *pressing* interpretativo.

Um jovem paciente conta à sua analista que frequentemente vê putas na rua e, para além do fato de que "lhe dão nojo, porque são sujas", "bem...", acrescenta, "não sei como lhe dizer".

A analista renuncia a uma interpretação de escola, que seria até óbvia demais, desenvolvendo o relato do paciente, "e se sente atraído e tem vontade de estar com elas". O paciente responde: "Vejo que me compreende".

Isto é, no lugar de interpretar o desprezo, o ataque, a desvalorização, ajuda o paciente a captar o desejo de encontro que ele tem em relação à analista, que é também desprezada, mas que, desta forma, se "transforma" de puta em alguém que compreende.

Penso que seja uma grande renúncia, para o analista, passar de um papel de detentor/decodificador de verdades emocionais a um papel mais modesto de "enzima" das transformações, mas nenhum analista deveria esquecer a conhecida afirmação de Winnicott (1968/1974) em relação a todas as mudanças que ele mesmo impediu que o paciente fizesse por causa de sua própria necessidade de interpretar, em vez de ser capaz de promover a capacidade criativa dos próprios pacientes.

Naturalmente, este capítulo não tem fim e, indiretamente, continuará em todos os capítulos que virão a seguir.

3. Psicossomática ou metáfora: problemas do limite

Este capítulo não oferece respostas, eu o considero como um *working thought* em relação a um problema ainda muito complexo para termos respostas exaustivas. Espero somente que o fato de "trabalhar" o problema possa contribuir para nos permitir caminhar em direção a uma possível clarificação dele.

Do que podemos ter certeza

A questão que me coloco é a de refletir se, posta uma comunicação de um paciente, existe uma implicação causal daquilo que ele "nos comunica" em relação a uma nossa maneira de nos colocarmos, ou se aquilo que diz é uma forma, entre tantas outras possíveis, de nos contar o que acontece de um ponto de vista mental.

Explico: faço uma interpretação muito "pesada" e "temperada", o paciente na sessão seguinte fala sobre ter tido dor de barriga.

O que *me diz respeito*, como analista, é a explicação causal de que minha interpretação superdosada lhe causou dor de barriga?

Ou o que *me diz respeito* como analista é que o paciente encontrou uma maneira de me contar o fato de que minha interpretação foi superdosada por meio do relato da dor de barriga e que, na ausência da dor de barriga, teria podido falar da mesma emoção de outras formas? Por exemplo, dizendo: "Vi um filme em que prisioneiros eram obrigados a comer comidas nojentas"; ou então: "Sonhei que um temporal alagava a cidade, tornando-a intransitável".

Isto é, qual é o estatuto analítico do personagem – "dor de barriga" – dentro da sessão analítica?

É um "personagem" que devo considerar na sua valência "realística", uma "coisa", um "fato" (e, nesse sentido, um agregado de elementos β) ou, então, posso considerá-lo como uma subunidade narrativa de algo significativo e que está à espera de posteriores significações? (No meu dialeto, um derivado narrativo dos elementos α da sessão no momento em que é narrado.)

Os peixes de Gabriella

Gabriella, uma doutoranda em matemática, não está em condições de acolher e utilizar as interpretações cautelosas e comedidas que o jovem analista lhe propõe.

Responde falando de uma conhecida e da "sua tese", em relação à qual sente inveja, tese que não entende, além de pensar que ela própria não teria condições de fazê-la.

É evidente que a interpretação, pelo menos como foi "preparada", não é fator de crescimento enquanto resulta em uma "tese" do analista que suscita inveja e sentimento de inadequação.

Logo depois, a paciente fala de um quartinho onde há um computador (sempre na casa de um conhecido), quartinho que também está cheio de aquários com peixes e outros animais marinhos.

Há também um aquário bem pequeno com tartarugas que tentam sair, mas ela não consegue se mexer, como num filme de terror... acrescenta que gosta de peixes, mas se, por exemplo, vai a um aquário, sai com febre. Gabriella acrescenta que aqueles eram seres vivos que não podia controlar, seres que têm uma vida própria e que não fazem o que lhes mandamos fazer. Poderiam também sair dos aquários, pular em cima dela e aterrorizá-la.

Relata depois ter colocado como descanso de tela em seu computador um "fundo marinho"... mesmo tendo medo da água e não sabendo nadar.

Parece-me evidente que ela fala do "próprio mundo submerso", de que nele existem muitos peixes (-emoções) vivas que não sabe como administrar, que "estão ali" e poderiam saltar para fora e ela está aterrorizada... Então, são des-afetivizadas, achatadas e administradas com o computador.

Esqueci de dizer que, no início da sessão, Gabriella tinha mencionado uma "descarga" que possuía um depurador, mas que havia risco de que poluísse. Portanto, a outra modalidade para administrar era a evacuação de todos aqueles peixes (-emoções) que não podiam ser cozidos, como demonstra a Figura 3.1 (presente de R. Basile), que se refere ao projeto de alfabetização na Rússia, em lugar de maneiras mais fáceis de administrar angústias como o alcoolismo.

Portanto, a tarefa da análise será a de fornecer à paciente toda aquela aparelhagem (função α, bom funcionamento e desenvolvimento de ♀♂) que lhe permitirá "metabolizar", cozinhar e "viver" estas emoções (-peixes). É claro que não é suficiente interpretar tudo isso, a análise deverá ser o lugar no qual reativar (às vezes, ativar) aquelas funções (mentais) que são inadequadas em relação à elaboração das necessidades emocionais.

Inútil dizer, inclusive, que a paciente tem uma conduta alimentar no limite da anorexia e que pode comer somente "migalhas".

Mas por que, com esta paciente, tudo isso permanece no plano do mental ou, pelo menos, no plano do narrável, e, com outros pacientes, isso mesmo *poderia* (????)^{n} dar lugar, dar "corpo" a uma doença psicossomática na qual, por exemplo, no lugar da "descarga", teríamos uma colite, ou até a doença de Crohn?

Figura 3.1

Talvez uma resposta interlocutória fosse a de que, de qualquer forma, não estaríamos lidando com a descarga da colite ou do Crohn, mas com o relato disso, e que a "descarga" ou o "bacilo de Crohn" seriam personagens da sessão, e como *não me diz respeito* a descarga real, também o Crohn real não *me diz respeito* e, ao contrário, deveria interessar-me somente o relato, o conjunto de narremas que me permitem ativar pensamentos e transformações.

Poderia depois acontecer de o problema da "descarga" ou do "Crohn" ser resolvido na análise, mas isso como efeito halo, do qual talvez não poderei saber mais do que isso.

As tensões elétricas de Anselmo

Um paciente fala, opondo uma a outra, sobre "proximidade e calor" e "pontadas epileptogênicas" – estas últimas entendidas como um acúmulo de tensões elétricas que levam a uma descarga e à perda de consciência-convulsão.

Mas é possível, também, pensar o que o paciente nos diz como gênese da epilepsia e dizer que, toda vez que se determina em um paciente ou em uma pessoa uma situação de sobrecarga de tensão emocional, então isto conduz à "epilepsia", ou temos o imperativo ético de permanecer no estatuto transicional da narração? Quero dizer que o risco de interpretações saturantes, no estilo Groddeck, está sempre à espreita com um grande poder de sedução porque preenche a necessidade de reposta de forma apaziguadora.

A hemofilia de Baldassarre

Um paciente fala da própria hemofilia, do quanto fica constantemente exposto a riscos, sangramentos, tumefações, paralisias articulares; a "doença" o leva também a um conjunto de atitudes defensivas: evitar até os menores traumas, as microferidas; iniciou uma terapia preventiva, assim como atua um conjunto de comportamentos preventivos que "estancam", na origem, qualquer trauma.

Mas o que o paciente nos diz nos leva a saber mais sobre a "hemofilia", sobre a patogênese, a psicogênese, aspectos psicossomáticos, somatopsicóticos da hemofilia? Ou devemos fazer uma renúncia narcísica e pensar que, no nosso laboratório psicanalítico, "hemofilia" quer dizer tendência ao sangramento/vulnerabilidade às feridas do paciente num plano emocional, paciente que evita os traumas, os conflitos, os embates, que cuida de forma preventiva evitando as dependências... e considerar "hemofilia" como aquele personagem da sessão mais capaz de fornecer "narrabilidade" ao que acontece em seu mundo interno e em suas relações?

No fundo, em análise, "hemofilia" não seria outra coisa senão o "derivado narrativo" mais imediato e que melhor corresponde à sequência de elementos α que pictografam continuamente seu estado mental; e isto sem que nenhuma inferência possa ser feita sobre a doença "hemofilia" fora da sala de análise. Não só, mas com a liberdade do analista de pensar que, na ausência do narrema (e desenvolvimentos narrativos) "hemofilia", o paciente teria encontrado outras narrações possíveis para "relatar" sua condição de vulnerabilidade às feridas e as contínuas defesas ou prevenções que ele coloca em ato.

No fundo, penso que, quanto mais o analista é capaz de uma função metaforizante, mais é capaz de entrar em contato com os pictogramas na origem dos "derivados narrativos"; mas, ao mesmo tempo, cada vez mais corre o risco de pensar que suas metaforizações tenham sentido fora da sala de análise, fazendo com isso uma psicossomática selvagem.

A onda anômala de Cecília

Se, por exemplo, um jovem paciente tem uma ruptura maturacional de um núcleo autístico, e surge uma leve forma epiléptica com uma "onda anômala temporal", isto forneceria uma explicação etiopatogênica de formas – ainda que frustradas – de epilepsia, do tipo: a ruptura do núcleo autístico comporta uma entrada em circuito de protoemoções ainda não administráveis que podem ser evacuadas com a crise, uma crise na qual há "a onda emocional anômala", isto é, uma violenta conflitualidade emocional (o temporal).

Ou então – em nosso laboratório – podemos somente ter certeza de que o paciente, com seu relato de núcleo autístico e de epilepsia, encontrou "derivados narrativos" idôneos que permitem colocar em narração o problema da não pensabilidade, e depois o da ativação de protoemoções que às vezes são evacuadas porque ainda não podem ser "pensadas", sem que isso nada possa nos dizer sobre a "epilepsia" fora da sala de análise, que é uma outra coisa.

Naturalmente, a sedução da metaforização que tudo explica é muito forte, mas creio que a análise seja já uma ciência bastante madura para poder suportar o luto de ter um campo específico de aplicação que é o mental atual. Resta o problema das áreas de fronteira, das aplicações possíveis da psicanálise (como aquela relativa ao cruzamento entre psicanálise e neurociência), mas aí há um outro território, todo a ser revelado. Como já disse outras vezes, há análise onde há um paciente, um analista e um *setting*.

Mas o que pensar das chamadas "doenças psicossomáticas" e até onde estender seu reinado? Ou, então, como explicar o efeito benéfico que a análise pode ter sobre o curso de certas doenças? E, por que não, o efeito daninho que a análise igualmente pode ter (ou, nesses casos, tratar-se-ia de um simples não levar em conta a formulação de Hume relativa à possível confusão entre *post hoc* e *propter hoc*)?

Quando uma doença pode ser considerada como uma evacuação no corpo de elementos β como expressão de uma assimbolia ou de uma alexitimia? Honestamente, temos que confessar que sabemos muito pouco a respeito disso e que talvez também a psicanálise, por enquanto, pode dizer muito pouco a respeito disso. Talvez algo possa nos dizer "a psicanálise aplicada", levando em conta que explicações reducionistas estão sempre ali à mão, como sereias tentadoras. Mas usaria o termo "sereia" também na outra acepção de "sirene",[1] sirene de alarme, para lembrar do risco de estender a aplicação da análise também fora do que lhe é específico.

1 *Sirena*, em italiano, significa tanto sereia quanto sirene. [N.T.]

O mesmo vale, por exemplo, para a asma de uma criança: uma coisa são as possíveis formulações psicossomáticas; outra, a asma como narração dentro da sala, considerada como "derivado narrativo".

No fundo, o risco extremo é aquele dos trabalhos de Chiozza (1986/1988), que nos ilude que seja possível dar mapas psicossomáticos das doenças, inclusive as mais graves, desde a esclerose múltipla até o infarto. Seria como dizer, por exemplo, que se um paciente em análise tem uma leucemia e fala das "análises" nas quais há a presença de células imaturas e não diferenciadas, *tout court* seríamos autorizados a pensar que são emoções imaturas e não diferenciadas a levá-lo à leucemia, em vez de pensar que o paciente está falando, na análise, de seus aspectos imaturos e não diferenciados que o "narrema leucemia" lhe permite narrar em sua dramática e evasiva proliferação. Na ausência deste narrema, o mesmo paciente teria encontrado outros "narremas", outros "derivados narrativos" para exprimir a mesma sequência de elementos α. Se assim não fosse, a psicanálise teria encontrado uma chave mágica que daria acesso a qualquer "fato" da espécie inteira, não somente daquilo que se refere à psique, mas também ao que se refere ao soma.

Invertendo o vértice, creio que o terapeuta em análise não pode duvidar do valor comunicativo também de fatos e de eventos mais aparentemente realísticos.

Isto é, se em uma sessão um paciente falasse da sua doença de Crohn, o meu vértice psicanalítico só me poderia fazer pensar em uma situação de sangramento evacuativo que, digamos, me leve a usar "uma adequada dieta interpretativa" ou a efetuar "intervenções" até que haja uma transformação que, como analista, posso esperar em relação ao funcionamento mental do tipo Crohn e não relativamente ao "fato" doença de Crohn, que compete a outro cenário terapêutico.

Isto não impede que, "fora da sala", eu possa me colocar questões sobre fronteiras e as interconexões entre psicanálise e neurociência, como as recentemente descritas com muita clareza e rigor por Mauro Mancia (2004).

Gostaria também de lembrar que é quase impossível prever algo sobre a "escolha" de um sintoma, e que somente *a posteriori* podemos reconstruir os percursos que levaram a uma escolha (que escolha não é, porque é muito determinada) sintomática no lugar de outra.

Até que não tenhamos condições de fazer previsões sensatas sobre escolhas sintomáticas e vivermos no "depois", creio que precisamos ter uma grande modéstia que, permitindo nos dizer a nós mesmos quão pouco sabemos, se torne um estímulo em direção a novos percursos e explorações, livrando-nos daquela terrível doença que se chama "ortodoxia" e que pertence às religiões, às academias, às burocracias (e não à ciência e à arte) e que consiste no alinhamento ao conhecido e na fetichização do já conhecido.

Se um paciente nos disser que é alérgico ao glúten, isto é, que é suscetível à doença celíaca, que precisa evitar qualquer tipo de farinha que contenha glúten, o que podemos pensar? Eu penso que nos encontraríamos entre uma Cila (pensar que podemos "somente" nos ocupar de sua modalidade de reação emocional a essa patologia) e uma Caríbdis (pensar, *tout court*, em uma doença psicossomática). Penso que o caminho intermediário seja o de "suspender qualquer conhecimento" em relação a isso e começar a ver o que o "glúten" é também na sessão, que tipo de abordagem, que tipo de interpretação é "sem glúten" e que tipo, ao contrário, causa intolerância. Então, o "glúten" deve ser considerado um "personagem" da sessão. Será necessário perceber quando e como entrará na sessão, e quais são os "componentes" do pão e macarrão analíticos aos quais o paciente é intolerante.

Fazer isso permitirá "transformações" da vivência e da vida psíquica do paciente que somente *a posteriori* poderemos saber se terão alguma influência, talvez, também na "doença real".

A sujeira de Martina

Martina é uma paciente que tem uma grave fobia à sujeira que limita muito seus contatos sociais e de trabalho e que a obriga a uma série de rituais relativos à limpeza.

Relata também acerca de uma grave leucopenia que a expõe a um risco maior de infecções, de febres, se não "limpa" cuidadosamente tudo aquilo com o qual entra em contato.

De fato, Martina "esteriliza" não somente objetos, mas também o mais possível, as emoções que qualquer relação pode implicar: Martina nos diz que qualquer emoção, qualquer afeto intenso que se ativa pode contagiá-la gravemente, pode fazê-la adoecer, pode causar-lhe febres emocionais. A análise de Martina prossegue até que aparecem em sonhos animais, cada vez maiores, cercas que pode construir, crianças das quais pode cuidar sem mais adoecer; introjeta, portanto, graças ao trabalho de análise, aquelas funções que lhe permitem, agora, viver e conter as emoções que antes deviam ser eliminadas. Neste ponto, Martina relata que também a leucopenia está aos poucos se normalizando.

Se, nesse momento, o analista caísse na tentação de afirmar que na leucopenia estavam somatizados, por exemplo, os problemas de identidade, a insuficiente diferenciação entre *self* e não *self*, creio que faria um "salto lógico".

No relato de Martina, "a carência de glóbulos brancos" exprime a existência de uma carência de um aparelho para se proteger e para conter emoções-vírus; o mesmo conteúdo poderia ter sido expresso por meio do relato de um galpão em que não havia cerca para os vários animais, ou por uma lembrança infantil na qual uma criança com leucemia devia ficar nos quartos *germ-free* para evitar as bactérias, ou ainda pelo relato do dia a dia de amigos abastados no Brasil, que viviam com coletes de proteção e guarda-costas, e do relato do medo que sentiram, quando, por uma greve dos vigilantes, tinham ficado sem proteção.

Isto é, o paciente forma elementos α, dos quais podemos conhecer os derivados narrativos que podem pertencer aos mais diversos gêneros literários.

A comunicação sobre o aumento dos glóbulos brancos, ou sobre o fim da greve dos vigilantes, nos fala de algo que se refere ao "dentro" da sessão, não nos diz nada sobre as "leucopenias" ou sobre "a situação socioeconômica" do Brasil.

Que, depois, uma análise possa ter – por vias cujos indícios de conexões apenas começamos a vislumbrar – efeitos sobre o soma, esta é "uma outra história".

O aborto de Stefania

Stefania, uma paciente de 35 anos, bióloga em um instituto de pesquisa, trazida em supervisão, tem um "aborto interno"; na sessão que antecede este doloroso acontecimento, a paciente relata não ter tido vontade de falar da própria gravidez para sua amiga Carla, por temer sua inveja, pois Carla, muito comprometida com o trabalho, ainda não pode ter uma criança.

Na sessão seguinte, a paciente chega dizendo, justamente, que houve graves problemas com a gravidez: verificou-se um "aborto interno" que torna necessária a "revisão do útero", termo técnico para "curetagem", acrescenta.

A analista consegue ficar muito próxima de Stefania, que fala de um colega que lhe disse que "em todo aquele morrer que há num hospital, é realmente bonito que algo nasça".

Depois fala da frieza do ecografista e do fato de não se ouvirem mais os batimentos da criança. Depois, fala de ter medo de transmitir algo de "negativo" e conta um sonho no qual aparecia uma planta horrível com folhas cortadas em forma de ponta.

Falando ao telefone com seu diretor de laboratório, a paciente disse: "Interrompi a gravidez", e este, surpreso, pensou que ela a tivesse interrompido voluntariamente.

O clima emocional da paciente e da supervisionanda é marcado pela culpa (a paciente fala de algo negativo que transmite e, depois, há a expressão usada com o diretor; também a analista se pergunta "onde errou", "o que não viu", no que foi inadimplente, salvo inverter o olhar e falar da "destrutividade" da paciente). Penso que esta situação permite muitas reflexões sobre nosso assunto.

Em primeiro lugar, penso que pode nos ajudar a nos libertar da fantasia onipotente de que somos responsáveis pelo que acontece no soma (nosso e do paciente) e que podem existir códigos de leitura psicossomáticos simples, ingênuos, por meio dos quais, em uma espécie de *après coup* delirante, tudo poderia ser explicado de um ponto de vista psicanalítico. Em segundo lugar, pode nos auxiliar a não nos esquivar da responsabilidade que, como analistas, temos em relação "às comunicações" dos pacientes.

A paciente havia iniciado a análise com uma grave hipocondria, que se exprimia com o terror de um tumor (na maioria das vezes localizado no seio); este tumor, assim sincretizado, tinha se tornado depois os vários tumores malignos e benignos do departamento de oncologia pediátrica com o qual a paciente iniciara uma colaboração sobre algumas pesquisas genéticas.

Num certo ponto da análise, parece que, ao lado do departamento de oncologia (protoemoções, elementos β aguardando a possibilidade de serem pensados?), pôde se abrir um departamento de obstetrícia (onde nascem novos pensamentos e emoções?). O departamento de oncologia, de certa forma e inesperadamente, engloba o departamento de obstetrícia; assim, também aquela coisa nova que estava se formando "morre" e precisa ser expulsa.

Mas é muito importante não pensar que o aborto acontece porque as partes antievolutivas da paciente prevaleceram sobre as evolutivas; ao contrário, é necessário "ousar" um vértice radicalmente psicanalítico em relação às comunicações da paciente: isto é, o fato de que "aspectos tumorais" prevaleceram – por enquanto – sobre o crescimento e desenvolvimento e que Stefania encontrou este "acontecimento" (o aborto) que permite narrar aquele fato com toda a dramaticidade implícita.

Quero dizer que a paciente teria podido muito bem continuar levando adiante a gravidez e ter que encontrar uma forma diferente para exprimir a prevalência de um desenvolvimento desordenado de emoções em relação a um desenvolvimento organizado: falando, por exemplo, da situação na qual se encontra o marido, assessor de trabalhos públicos, que não consegue fazer respeitar o plano regulador da cidade em uma situação em que prevalece uma forma de construção abusiva em relação a um desenvolvimento urbanístico regular e de como ele está sendo ameaçado pela máfia; ou, então, por meio de um sonho (como a paciente já fez), em que uma planta não pode se desenvolver por ter tido as folhas cortadas; ou, então, por uma lembrança da infância, em que no seu jardim proliferavam ervas daninhas e não conseguia nunca cultivar as plantinhas que teria desejado ver crescer.

Por outro lado, não teria sentido pensar em uma destrutividade da paciente (antes pensar na destrutividade como o proliferar indiscriminado de protoemoções que por enquanto dão lugar ao departamento de oncologia[2] [e entre as quais começamos a perceber a inveja]), nem interpretar "o aborto interno" causado por estas

2 Operação que faria o "simétrico" em relação ao câncer no seio: isto é, homogeneizar e tornar "coisa" a angústia em busca de narrador. [N.T.]

forças hostis. Ao contrário, conscientes do sofrimento presente, deveríamos dar esperanças à paciente e voltar com paciência a trabalhar "no departamento de oncologia", aguardando que um desenvolvimento organizado de emoções possa cada vez mais tomar o lugar da proliferação maciça e indiscriminada dessas emoções.

Talvez os pensamentos realizados até aqui nos permitam abrir dois diferentes caminhos de reflexão. Posso então tentar descrever o que acontece nas situações em que o analista é chamado a trabalhar principalmente na colocação em palavras do que o paciente foi capaz de transformar em pictogramas visuais, ainda que tenha perdido o contato com aquilo que os gerou. Por exemplo, imaginemos que o paciente vive em uma atmosfera constituída em sequência por: "angústia" – "terror" – "medo" – "esperança", e tenha formado os seguintes "pictogramas visuais" (isto é, elementos α que na sequência formam o pensamento onírico da vigília):

Criança no escuro	Homem com cobra	Interrogatório na delegacia	Gramado com arbusto

Naturalmente, estes permaneceriam desconhecidos, mas poderiam ser deduzidos por meio dos seus derivados narrativos, que, como sabemos, pertencem aos gêneros literários e podem ter diferentes graus de distorção.

(ΔN1)

Uma "*lembrança infantil*": para mim, era terrível estar sem os colegas. Lembro que uma vez sonhei estar sendo perseguido por um leão, entrava em uma caverna e, por sorte, minha mãe me acordou para tomar café.

(ΔN2)

Um *gênero sexual*: depois de uma relação sem proteção, fiquei muito assustado e então senti algo indescritível quando me apareceram pequenas manchas vermelhas, que, porém, desapareceram em poucos dias, e o mundo voltou a parecer outro.

(ΔN3)

Um *gênero de crônica cotidiana*: vi na televisão, com incredulidade, os aviões dos terroristas que se espatifavam contra as torres, a chegada dos bombeiros, e me consolou muito o discurso do prefeito Giuliani.

O grau de "distância" dos derivados narrativos pode ser tão grande e, às vezes, tão "aparentemente" imbuído de realidade, que é difícil "remontar" à emoção pictografada pelos elementos α e sucessivamente diluída nas narrações.

Teríamos esta espécie de esquema:

"angústia" – "terror" – "medo" – "esperança" (Figura 3.2)

O analista, pelos derivados narrativos (ΔN 1, 2, 3, n), consegue dar voz às emoções e contactar novamente o pensamento onírico de vigília.

É o caso da paciente que fala sobre a alegria do filho por algo que lhe foi introduzido na dieta (depois de uma sessão com muitas interpretações transferenciais). Ou o caso de um paciente que fala da coagulopatia de um conhecido, que, quando sofre traumas, tem sangramentos articulares que o paralisam por vários dias (e o paciente, neste meio-tempo, falta a uma sessão). Nestes casos, a "doença narrada" coloca-se como um "derivado narrativo" (que poderia também ter sido um outro).

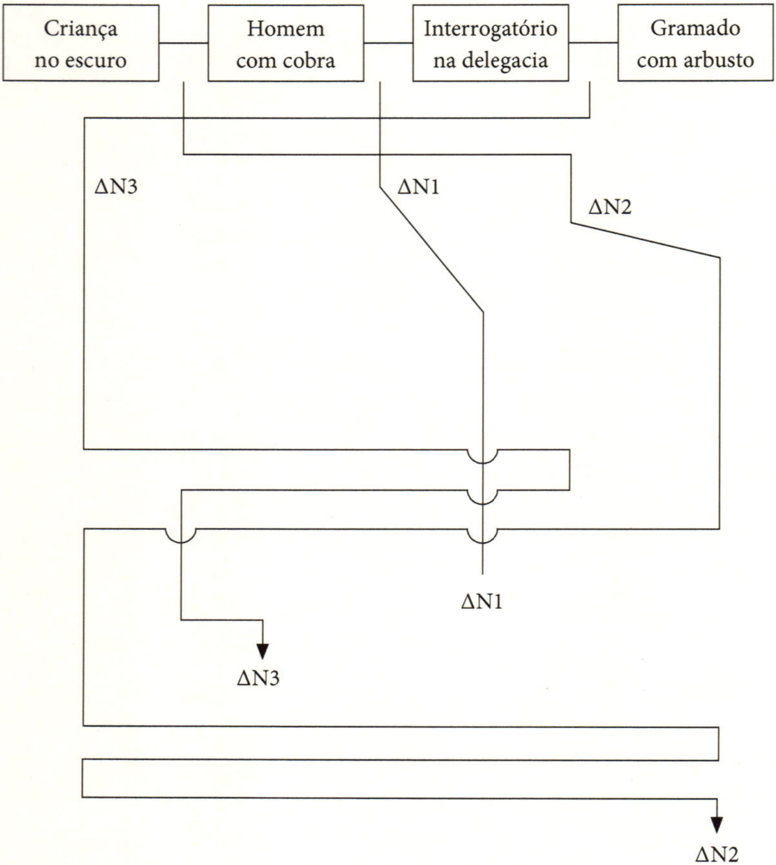

Figura 3.2

O analista trabalha a partir de ♀♂, PS-D, CN-FS[3] em diante, no sentido de que a emoção já foi pictografada pelo paciente e o analista precisa fazer um trabalho de tessitura: como um paciente, por exemplo, que no início da semana fale de experiências de abandono ou de separações dilacerantes.

3 Os símbolos indicam: continente/conteúdo, posição esquizoparanoide/posição depressiva, capacidade negativa/fato selecionado.

O que podemos somente conjeturar (e de forma otimista)

Muito diferente é o caso em que o paciente consegue só parcialmente transformar as protoemoções em elementos α.

Existem aglomerados (às vezes "fatos não digeridos" da história; às vezes fatos não digeridos transgeracionais) de elementos β que o paciente não pode alfabetizar.

Os estados protoemocionais são ainda muito dispersos e não elaborados, são

x y q

a sequência α do paciente é muda

?	?	?

ou apenas acenada (são os que defini como elementos "balfa")

Vela com ?	Cachorro com ?	Árvore com ?

Neste ponto, é a mente do analista que precisa fornecer a própria capacidade receptiva de atenção, de organização sonhante (função α), acolhendo e dando um sentido ao que chega como identificação projetiva, por exemplo, x, y, q, z.

O analista encontra-se, portanto, tendo que realizar ele mesmo operações na origem de ♀♂, PS-D, CN-FS e formar, a partir dos aglomerados de β (ou, mais frequentemente, de balfa), elementos α:

Vela com incêndio	Cachorro com homem queimado	Árvore com enforcado

O analista pode entrar em contato com estes elementos α com uma sua *rêverie*, ou então, progressivamente, na troca dialógico--emocional (inclusive com pequenas quantidades de $\beta \rightarrow \alpha$) que é constituída na relação com o paciente. Até chegar – suponhamos, para ficar no exemplo proposto – a levantar a hipótese de que o paciente sentiu-se tão tomado pelos ciúmes que incendiou-se deste sentimento até o desejo de matar ou de se suicidar. Naturalmente, isto poderá ser dito ao paciente "desta forma" ou necessitar de longos trânsitos transformadores antes de poder ser dito. Somente neste ponto talvez estejamos no nível das possíveis terapias das doenças psicossomáticas. De fato, se consideramos estas últimas como evacuações de elementos β, a alfabetização "discreta" de quotas de elementos α pode deslocar a balança da evacuação em direção à simbolização e possibilidade de pensar. É sempre necessário levar em conta que uma comunicação de conteúdo excessiva pode conduzir à fragmentação do continente, que depois é evacuado violentamente (e esta poderia ser a gênese de muitas patologias durante a terapia) (Ferro, 2002a).

Maria e as crises

Uma jovem e capaz analista me traz uma longa sequência clínica.

Maria, uma jovem professora de matemática e física em um colegial de uma pequena cidade de província, está no início de uma análise e, no começo da semana, traz o relato de quanto seu pai a irrita com sua contínua pretensão de lhe ensinar coisas ou com suas contínuas brigas com a mãe; certa vez, irritada com as barulhentas brigas dos pais no quarto, jogou "um martelo contra a cômoda".[4]

Fala depois de um "primo do Sul" que mora na Sicília, agressivo, do qual, porém, não tem medo.

4 Em italiano, *credenza*, que significa tanto cômoda quanto crença. [N.T.]

Antes da sessão seguinte, a analista – com uma atitude certamente questionável – telefona para a paciente dizendo que, por causa de um imprevisto, não poderá atendê-la à tarde e que, se a paciente quisesse, poderiam recuperar a sessão no final da noite. A paciente aceita a proposta.

No início da sessão, a analista se desculpa pelo "contratempo" e Maria responde que também para ela a troca de horário foi confortável e que "a mudança"[5] não foi um problema.

Prosseguem falando da necessidade de perfeição e dos "senões" que a própria analista pode ter em sua forma de ser.

Depois Maria começa a se lamentar por "não conseguir dizer não".

A analista pergunta: "comigo também"? "De forma nenhuma", responde a paciente, que depois continua falando de acontecimentos desagradáveis no "lugar de trabalho": "Por hoje passa, mas não deve mais acontecer que Carlo se comporte assim comigo"; "Penso ter que satisfazer todos os seus desejos no mais breve tempo possível e isto não está bom para mim". Depois continua dizendo que não é sempre que gosta do trabalho, ainda que tenha aparecido um colega mais jovem, muito amável, não enquadrado, aliás, desinibido; parece que "o coleguinha não cria problemas para si mesmo" e gostaria de ser "puxada pelo seu jeito de ser, um pouco de pimenta na vida não estraga; aliás, gostaria de não ter freios".

Paremos para refletir.

Já na primeira sessão, a paciente mostra uma intolerância em relação a algo pedagógico e depois sua "incontinência" em relação à suspensão e exclusão do final de semana, o que dá lugar a um descontrole ("jogo o martelo") contra "a confiança" (a crença que tenho em você), sem se assustar com este aspecto (-primo violento).

5 Em italiano, *spostamento*, que significa tanto mudança quanto deslocamento. [N.T.]

Ao pedido de mudança de horário (no fundo, um abuso por parte da analista), responde no início dizendo que "não tem problema, muito pelo contrário...", salvo depois se queixar de não conseguir dizer não, e de ter que aguentar e aceitar as necessidades dos outros.

Depois, parece que Maria recupera um aspecto positivo do que aconteceu por meio do "jovem colega", aspecto desinibido e não acadêmico da analista, que colocou um pouco de pimenta e que parece não ter inibições (aquelas inibições que afligem Maria tanto no plano alimentar como no sexual, assim como relacional), até o desejo de "soltar-se" (desenfrear-se).

Na sessão seguinte, Maria mostra o quanto havia se distanciado do fato de ter sido "uma menina boazinha e perfeitinha", descuidando do estudo que poderia fazer para alguns exames. Depois fala do desinteresse total do pai, que, porém, "desde que teve a crise, mudou um pouco" (Maria teve uma crise de natureza epiléptica); conta que chegou "uma carta do primo, na qual acusa a mãe de ter roubado algumas joias", e na qual fala também "que deve haver um processo no qual os culpados paguem", e que também lhe escreveu: "salve-se enquanto você está em tempo", mas ela não se deixou perturbar "porque sabe que o primo, além de ser do Sul, é louco".

Neste ponto, torna-se necessária uma outra reflexão.

Maria deixou-se "influenciar" pelas modalidades desinibidas da própria analista, está mais solta, prepara menos o exame (para a sessão), aparece depois o "soltar-se" (desenfrear-se) e, portanto, se o freio de mão está menos puxado, pode aparecer o "primo-parte de si mesma" que viveu a mudança de horário como algo que a fez "deslocar" (enlouquecer): a analista roubou a sessão, foi uma injustiça, a analista deve ser processada, e a paciente precisa se salvar de uma pessoa tão pouco confiável. Portanto, chegou a onda longa dos efeitos da "mudança" da sessão.

A confiança (a crença) ainda é frágil, o fim de semana e a mudança de *setting* ativam aspectos não controláveis de si tão logo ela baixa a guarda do hipercontrole.

Mas como podemos pensar nas "crises" (Branco Vicente, 2006), da epilepsia de Maria?

Pelo menos de três formas:

- uma "*epilepsia-personagem da sessão*": se eu não me inibo, tenho medo de "soltar o freio" e, às vezes, eu solto mesmo;
- uma "*epilepsia que pertence à realidade externa*" e que não nos diz respeito: é um fora-do-campo para nós;
- uma "*epilepsia* – entre as duas anteriores – *que remete ao hipotético espaço psicossomático*" da mesma, em que a epilepsia (além de ser um relato das incontinências, além de ser um "fato" neurológico) poderia ser pensada também como uma modalidade de evacuação de aspectos hipercomprimidos e hipercontrolados que – na ausência de possíveis modulações ou alfabetizações – são evacuados com a crise (e que, ao contrário, encontraram uma forma de serem "expressos" com "a carta do primo").

Este último aspecto é o que se apresenta como o mais complexo e que marca o limite, a aposta e a esperança do *analisável como transformável.*

Prossigo em minha exercitação aberta e também contraditória (é o momento de lançar as redes, não ainda o de puxá-las a bordo e recolher os peixes), gostaria de me perguntar se pode existir um modelo intestinal da mente, retomado a partir de Bion, em que, por exemplo, uma "colite mental" se exprimiria com o alternar-se dos sintomas prisão de ventre/diarreia. A prisão de ventre corresponderia à inibição, ao mutismo, ao hipercontrole, ao passo que a diarreia às várias formas de incontinência, inclusive todas as formas evacuativas da enurese até as atuações caractereopáticas e a várias doenças no soma.

A enurese de Marcella

Marcella era uma criança muito viva no contexto familiar, mas inibida no contexto social; esta inibição havia chegado até uma forma de mutismo seletivo durante o maternal, como se tivesse o freio de mão puxado. Resta compreender se, e como, uma psicoterapia uma vez por semana havia conseguido "desenfreá-la" até uma forma de grave enurese.

O primeiro sintoma "somático" na história de Marcella havia sido uma forma leve de vômitos nas situações estressantes, depois o mutismo, depois a enurese. Mas por que a escolha do sintoma tinha sido, para Marcella, frequentemente na vertente "somática"? O que leva à vertente evacuativa no soma, em vez da comportamental ou do funcionamento psíquico perturbado?

O pai, quando criança, tivera uma diarreia que durara muitos meses, sem que nenhum medicamento se mantivesse eficaz por longo tempo.

Na história de Marcella, a inibição é um hipercontrole de uma espécie de "tigre"? Marcella tem fobia de gatos, dos quais tem terror até nas figuras: não consegue de forma alguma desenhar gatos. É a enurese uma evacuação deste "tigre" (estado da mente)?

No caso de Marcella, tenho a impressão de que a passagem da inibição à evacuação tenha também significado a entrada em circulação de partes do "tigre": isto é, "ti" entrou em circulação ativando a rivalidade de Marcella em relação aos inúmeros irmãos e irmãs, enquanto "gre" é evacuado com a enurese. Talvez uma análise pudesse permitir uma posterior desconstrução de "gre" até fazer entrar em circulação um maior número de letras, até o ideal de não haver mais nenhum resíduo a ser evacuado. Isto é, se também "gre" entra em circulação e é alfabetizado, não haveria mais necessidade de evacuação.

Agora, por que há situações em que o "tigre" é evacuado em atuações, em comportamentos, e outras em que é "evacuado", descarregando-o em patologias psicossomáticas? Há os que – por exemplo – teriam feito uma administração anoréxica (tentando cindir e esfomear o tigre), ou fóbica (por exemplo, uma fobia de facas), ou obsessiva (por exemplo, rituais religiosos), ou a explosão sintomática (ataques de pânico) em vez de uma evacuação psicossomática?

Talvez um método de interpretação seja o de considerar o quanto "tigre" seja "mancha cega" ou, então, se existe uma miopia (e de que entidade) em relação a ela.

Talvez, quanto mais algo é negado, cindido, desconhecido, estranho, distante, tanto mais tem, potencialmente, uma expressividade psicossomática. Talvez, quanto mais é parcialmente visível, tanto mais caminha em direção ao psíquico.

Mas o que determina o maior ou menor grau de simbolização? Creio que seja o "olhar" do outro, sua amplitude e profundidade; não creio, ao contrário, que se trate exclusivamente de mecanismos de defesa subjetivos e colocados em ato voluntária ou espontaneamente pelo sujeito.

A doença psicossomática é o positivo do olhar ausente do outro; o que o outro não mentaliza, as emoções não pensadas, se encarna na doença psicossomática (Ogden, 1989/1992).

Em relação a estas "supostas" patologias de origem psicossomática, há diversos níveis do problema:

- o primeiro é o da doença em si, de tudo aquilo que ela representa em termos médicos, afetivos, psicológicos;

- o segundo é o do relato da doença enquanto tal, como "derivado narrativo" do pensamento onírico de vigília que veicula outra coisa em relação à realidade real;
- o terceiro é o nível psicossomático e/ou somatopsicótico: como se constrói uma situação fortemente evacuativa no corpo e através do corpo;
- o quarto é o neuroquímico-genético-ambiental: como situações ambientais despertam modificações neuroquímicas ou despertam possibilidades genéticas;
- o quinto refere-se à terapia: desde a terapia "física", que busca curar o sintoma, até aquela "psicanalítica", que busca operar mediante o encontrar caminhos de pensabilidade no lugar de evacuações e, portanto, de integrações de aspectos cindidos.

Retornemos agora ao caso de Maria, nossa jovem professora de colegial que, no prosseguir da análise, relata ter tido as primeiras crises epilépticas – agora não mais presentes após a terapia farmacológica ainda em ato – em concomitância com a doença e a morte da tia, ainda jovem, que tinha sido como uma mãe para ela. Lembra a dificuldade para articular "no pensamento as palavras", depois "um rombo e a queda". Lembra então de ter se visto numa maca, volta a falar "do desaparecimento da tia", lembra depois das ressonâncias magnéticas e os "resíduos embrionários em um dos ventrículos cerebrais". Fala por fim dos "desabafos de agressividade" e de quando lançava objetos em todos com o risco de realmente machucar alguém.

Maria, nesse meio-tempo, começa a perceber que é particularmente sensível em relação às mudanças de *setting* e às separações.

Aqui nos ajuda o conceito de "núcleo aglutinado" de Bleger (com certeza aparentado com o núcleo autista-contíguo de Ogden, e com aquele "autístico" de Tustin) que se estratifica no *setting*: é como se gatos (ou tigres?) se estratificassem adormecendo, bem apertados uns com os outros, até formar uma superfície lisa e felpuda, como um carpete peludo, e depois o "terremoto da mudança" os fizesse acordar todos, de forma que não podem mais ser "geridos" de alguma forma; aliás, torna-se indispensável "evacuá-los" (a crise???)", visto que não é possível metabolizá-los. Da mesma forma, a paciente se mostra muito sensível às separações, funciona frequentemente com modalidades de identificação adesiva na qual "os gatos" (ou os protogatos/protoemoções) são achatados no "como você me quer", salvo novamente explodir nas separações.

Maria inicia uma sessão falando da avaliação de um inspetor escolar que acontecerá na segunda-feira (agora é sexta-feira, última sessão da semana). "Estou tranquilíssima", afirma. A analista, lembrando que a primeira crise epiléptica de Maria não tinha acontecido em um período de grandes turbulências, mas em um momento de aparente "tranquilidade, na qual não sentia mais as emoções", sublinha a negação da paciente dizendo "tranquila, porém fala a respeito".

A paciente responde: "Não é como eu disse, tenho o terror de que as crises possam voltar". A sessão prossegue até o emergir não só das angústias de se encontrar novamente, na segunda-feira seguinte, para a sessão (a fobia social da qual irá falar e a referência à sua vivência da sessão como uma inspeção ministerial), mas também da angústia de separação, que é "narrada" pela descrição de uma piscina profunda – "um" metro, mas que depois apresenta uma "forte descida" a partir da qual não dá mais pé (perde-se o contato), tornando-se um buraco de "quatro metros".

Uma outra metáfora para representar a explosão do núcleo aglutinado, desta vez com o léxico de Bion, poderia ser aquela da explosão do continente que se torna conteúdo invasivo evacuado. Evacuado pode significar evacuado na mente do Outro, mas isto *somente* se esta mente é receptiva e disponível. Evacuado em uma atuação. Evacuado em uma doença psicossomática. No fundo, a explosão acontece quando se desenvolve, como em uma mina de carvão de antigamente, uma "saída de grisu"[6] (talvez, justamente, por falha das paredes entre as quais estava comprimido), que leva à explosão, com queda de uma parte ou de toda a galeria: danificação ou colapso de uma parte do continente ou explosão do continente. Nas velhas minas de carvão, era necessário fazer explodir "pouco a pouco" pequenas quantidades de grisu de forma a não produzir estragos: isto é, a alfabetização das protoemoções deveria acontecer por meio de pequenos lotes.

Outra metáfora ainda poderia ser a da pele psíquica como função de continente, desta vez no léxico de Anzieu (1985/1987). Penso que o que aconteceu com Maria foi o ativar-se de protoemoções segregadas que explodiram, determinando uma evacuação. A *rêverie* do Outro não tinha sido suficiente para acolher e transformar. Trata-se agora, no trabalho analítico, de bonificar o grisu restante, e reforçar as paredes da galeria, isto é, metabolizar os conteúdos alfabetizando-os progressivamente e aumentar a elasticidade e a resistência do continente.

Uma outra metáfora vem do recente filme com Jody Foster, O quarto do pânico: o núcleo autístico, enquistado, corresponde à situação da protagonista e da filha, que encontram abrigo no "quarto do pânico" aparelhado para resistir por longo tempo, com o objetivo de se defender de protoemoções invasivas e não administráveis: os ladrões violentos que entram na casa – tudo isso depois que a protagonista se divorciou do marido.

Quando um acontecimento emocional não passível de ser metabolizado (por exemplo, separação) ativa proto-emoções que não podem ser administradas e pelas quais se teme ser destruído, a construção de uma "concha autística", dentro da qual encontrar refúgio, é um

---

6 Gás combustível, formado de metano, anidridos carbônicos e nitrogênio que se desprende espontaneamente das minas de carvão. [N.T.]

mecanismo de defesa extremo. O problema é que, se aspectos do *self*, partes vivas, são fechadas, ainda que para se salvar, depois de certo tempo pode haver a necessidade de sair da "concha" por claustrofobia (da protagonista) ou necessidade de açúcar (aportes libidinais) da filha doente de diabetes: há, então, a exposição a riscos. Mas neste caso, no qual há um ir e vir do "quarto do pânico", eu falaria mais de um "retiro autístico", em vez de um núcleo autístico que remete a uma situação estruturada de forma mais estável.

Diferente é aquela situação, de um certo ponto de vista, menos grave (no tocante a um envolvimento da possibilidade de funcionamento mental), em que no "quarto do pânico", num certo momento, são aprisionados não aspectos vitais do *self*, mas justamente aquelas protoemoções pelas quais nos sentimos ameaçados. Porém, é quase impossível que não permaneçam "fechados" também aspectos vitais, como ainda no filme que estou usando de forma completamente arbitrária como modelo, quando os ladrões se veem fechados no "quarto do pânico", junto com a filha da protagonista. Tão logo a porta é "aberta" para descobrir os aspectos encarcerados, as protoemoções irrompem para fora, devastando o que encontram: esta última situação remete mais a um nível de administração hiperobsessiva, hipercontinente de protoemoções que depois irrompem de maneira incontinente. Neste caso, eu falaria de modalidades de administração autística das protoemoções como um mecanismo de defesa menos regressivo e menos drástico em relação às modalidades precedentes.

Um outro momento significativo da análise de Maria é quando sua analista tem esta fantasia: "Talvez quando criança tenha sofrido violência por parte do primo".

A analista se coloca em uma ótica *realismo-histórico-reconstrutiva*, mas isto pouco importa: o que importa é que na sua mente a analista criou esta ponte entre "paciente que sofreu abuso" e "primo abusador": portanto, a analista colocou na mesma cena o sofrimento da paciente e o contato abusador de uma parte psicótica cindida da personalidade da própria paciente.

Algumas sessões depois deste *insight* da analista, Maria fala tanto do irmão que sofre de asma quanto de si mesma, que precisa manter as janelas sempre abertas, também no inverno, e logo depois fala, inesperadamente, de algumas condutas estranhas, loucas, do primo e de "seus" aspectos violentos e persecutórios.

A analista consegue seguir Maria em seu texto manifesto de forma adequada e, poucas sessões depois, a paciente chega à sessão com uma vistosa tatuagem e um *piercing*.

Rebarbas do "primo", que precisava ser mantido "fechado" e que dava notícias de si mesmo por meio do sufocamento da asma (dentro do *claustrum*), ou que era evacuado através das janelas sempre abertas (crise??), ou "resfriado", começam a encontrar uma forma de serem integradas e a encontrar expressividade nestes aspectos de "pirata de Tortuga" que a paciente pode começar a exprimir. A "parte psicótica-primo" pode, desta forma, encontrar uma maneira diferente de ser tratada, não necessariamente isolada, controlada, cindida, evacuada, e sim, ainda que lentamente, integrada (Williams, 2001).

Um problema semelhante pode ser expresso também com modalidades diferentes, encontrar soluções alternativas e ter, em sua origem, também uma gênese diferente.

Tiziana relata "ter sofrido – talvez – uma certa violência por parte do pai"; sofre também de bruxismo.

Conta, esclarecendo, que muitas vezes foi "jogada no chão" pela violência do pai, que é pouco respeitador e que invade os espaços dos outros, também quando "a gente se refugia no banheiro". Com este "pai" vive uma relação de terror. O pai é descrito, ao mesmo tempo, como muito religioso.

Relata depois sobre seus namorados: Giovanni, experiente com mulheres e prostitutas que a obrigava a "relações orais"; Marcello, com o qual houve uma verdadeira história de amor, que quando bebia tornava-se muito violento, ciumento e possessivo; depois "Gennaro, o caminhoneiro", também muito violento. Depois dessas crises de "violência" que ela sofre, para se recuperar "se embala", se fecha no quarto, não fala por vários dias.

Em um caso como este creio que seja útil recorrer ao conceito de Bion de "hipérbole", mais do que ao de cisão, no qual identificações projetivas não acolhidas, não metabolizadas, entram em órbita e constituem espécie de satélites de agregados de elementos β (betalomas de Barale & Ferro, 1992) ou agregados de elementos balfa (balfomas), que periodicamente sofrem uma espécie de atração gravitacional e caem sobre a pessoa de forma violenta e intrusiva: do ponto de vista do funcionamento mental de Tiziana, podemos pensar nestes personagens (o pai, os vários namorados) como uma forma para narrar o abuso e a violência que sofre por partes destes "agregados", a seu tempo expulsos, que voltam periodicamente a invadi-la e a abusar dela.

É importante observar também que, quando existe uma identificação projetiva violenta, repetidamente não recolhida por uma função de *rêverie* (Figura 3.3), não somente "algo" entra em órbita, mas fica no lugar onde havia aquilo que é expulso, uma cicatriz "autística" residual (Figura 3.4).

Ao longo da terapia, pode haver não somente um novo "enganche" do que havia sido violentamente evacuado (Figura 3.5), mas se isto vai habitar e descolapsar, em parte, a cicatriz autística, pode ser continuamente expulso também somaticamente com as mais diversas manifestações psicossomáticas, pelo menos até que o espaço virtual autístico não se tridimencionalize de forma estável. Quando isso acontece na terapia de Tiziana, há um desbloqueio de sonhos e de lembranças que colocam novamente em circulação tudo aquilo que havia sido projetado no espaço.

Na ausência de terapia, estas situações de enganche de algo que orbitava cindido do Eu acontecem quando, de forma imprevista, o sujeito faz uma atuação violenta da qual ninguém o teria imaginado capaz.

Retornando mais uma vez a Maria, é interessante notar como a ulterior integração de aspectos cindidos (e que – como dizia – haviam encontrado a via do *claustrum*, a asma, ou a via da evacuação) acontece dentro da mente da analista, com temor e espanto.

A analista de Maria chega, um dia, muito alarmada pelo encontro que poderia acontecer entre a paciente e o paciente da hora seguinte, um "louco" que a analista teme que possa agredir ou mesmo matar a paciente.

Não é difícil ver, nesse "terror" da analista ("E agora, o que eu faço? O que digo à paciente? Não parar na sala de espera? Evitar qualquer contato com aquele homem?"), a reedição atualizada do pensamento referente ao abuso por parte do primo: a cisão se aproxima, começa a orbitar em espirais cada vez mais próximas à mente da paciente, aliada ao medo da analista de que esta aproximação/integração possa ser um grave perigo.

Após mais alguns meses de análise, Maria acrescenta que não entende por que, às vezes, tem a impressão de "dar medo à mãe", exatamente como a mãe tinha medo de condutas incontidas do sobrinho (o primo de Maria): temia, de fato, que o sobrinho pudesse esfaquear ou matar seu marido. Depois fala dos "desejos bestiais" que um pretendente seu lhe manifesta, para depois chegar ao relato de dois sonhos-chave: "Saía do carro e havia um louco com um revólver que depois se transformava no gato do sobrinho" e depois "estava no carro com o primo", um carro com duplo comando; depois havia um gato estrangulado e ela mesma gritava no sonho: "como é possível que tenha sido eu".

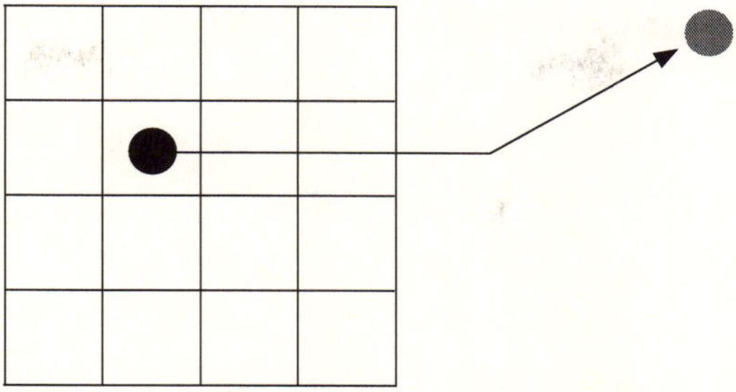

Figura 3.3 Identificação projetiva não recolhida.

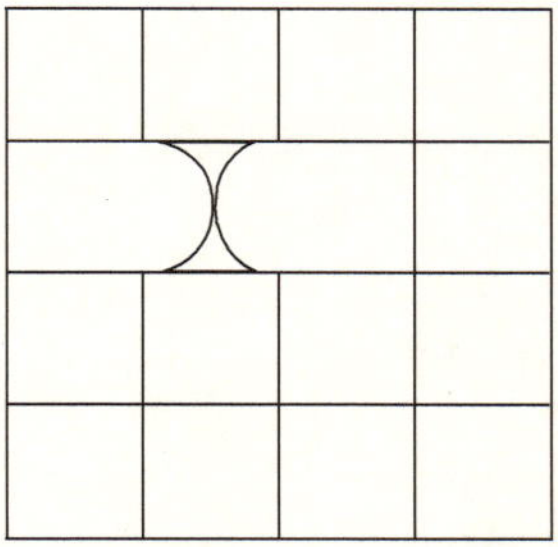

Figura 3.4 Resíduo de cicatriz autística.

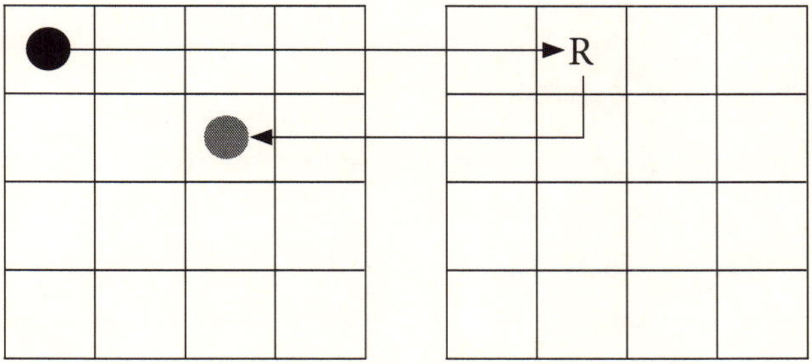

Figura 3.5 Identificação projetiva e sua devolução depois que foi transformada pela *rêverie*.

Parece realmente que o que não tinha tido outra possibilidade, a não ser a de ser evacuado, e depois, aos poucos, aproximado, pôde encontrar "lugar", figuração e narrabilidade no interior dos sonhos.

Um filme de faroeste para Dario

Dario é uma criança de 4 anos caracterizada por uma turbulência generalizada e impossível de ser contida, com características evacuativas.

Logo após um mês do início da análise, faz jogos que mostram o início de uma espécie de reconhecimento de algumas "notas", ou melhor, "ritmos de base da análise" (brincadeira do cucú, jogo de bolinhas que se encontram/batem/separam; jogos que têm a ver com a sequência 1 → 2 → 3 → 2 → 1, que corresponde ao número das sessões); estes momentos de "paz" são violentamente encontrados por verdadeiros "arrastões" que não só colocam "de pernas para o ar" a sala de análise, mas fazem com que ele corra sem limites pelo corredor, sala de espera, derrubando tudo.

A *rêverie* do analista é a de um filme de faroeste: o caubói que começa a se ocupar do trabalho da fazenda, que afofa a terra, que "trabalha" e, depois, segundo um roteiro clássico, chega o bando, que leva destruição e pânico à pequena comunidade. É claro que, nesse ponto, ao analista é solicitada uma função de "xerife", que contenha e que ao mesmo tempo limite.

À noite, o analista tem uma série de sonhos de contratransferência que não sabe relatar; são fragmentários, são só imagens, cores. O que aconteceu, se passarmos da metáfora, do mito do faroeste, isto é, se sairmos da fileira C da Grade de Bion para conceitualizar o que acontece? Certamente podemos falar de funcionamentos em "D" que começam a existir na sessão, e de outros, mais frequentes, nos quais irrompe o "PS".

Em outra linguagem, podemos dizer que há momentos nos quais há uma alfabetização das protoemoções que "segura e funciona", formam-se pequenos torrões de significado, derivados narrativos (ou melhor, lúdicos) de pequenas sequências de elementos α e de sonho de vigília. Depois irrompem turbilhões de elementos β que inundam tudo, que somente podem ser violentamente evacuados.

O sonho do analista nos mostra como se dá o processo de alfabetização; mesmo que esteja sendo bombardeado, está trabalhando, transforma quantidades de elementos β em pequenos fragmentos oníricos, ainda com características de sensorialidade: forma pequenas sequências de α ou talvez de balfa/α.

Certamente, como eu apontava antes, um grande problema é o da reversibilidade ou não do sintoma psicossomático. Um sintoma psicossomático é, de qualquer forma, uma defesa bem-sucedida; ainda que com diferentes danos ao organismo, é sempre um jeito de "evacuar" algo que não podia ser gerido de outra forma. A operação inversa, da evacuação à pensabilidade (ou, nos vários dialetos, simbolização, alfabetização), é um caminho todo em subida que leva a renunciar a uma solução encontrada com esforço, para reabrir o sofrimento e viver a dificuldade do caminho em direção à mentalização.

Isso é bem visível na análise de Maria, quando, no início do terceiro ano de análise, invoca escolhas tipo autístico-desafetivizantes em relação à possibilidade de aprofundar o contato com lugares de sua psique onde há sofrimento.

No seu léxico, Maria diz que não tolera mais o contato com seu namorado, o qual ela sente como uma "besta" com paixões violentas e do qual quer se libertar, que gostaria de permanecer diante do computador, sem problemas de relacionamento com os jovens na classe, e que, especialmente, "tem medo de aprofundar o trabalho com os jovens com dificuldade que frequentemente lhe são confiados", porque estes têm, muitas vezes, temáticas de tipo violento, agressivo, impulsivo que ela não sabe como tratar; gostaria, então, de se dedicar aos trabalhos de secretaria para evitar tudo o que a agita e encontrar serenidade e "sossego" em um trabalho de coleta e elaboração estatística de dados que não a envolva emocionalmente. Não suporta, no dia a dia, o contato com os jovens e talvez pudesse trabalhar como pesquisadora no instituto de estatística de uma universidade de uma cidade distante daquela em que vive, mesmo que isso implique a interrupção da análise.

Claramente, Maria encontra-se numa encruzilhada: entre a rua em descida da evacuação e seu correspondente funcionamento computadorístico-desafetivizado e a rua em subida do trabalhoso caminho que vai do sintoma (evacuativo) à alfabetização das protoemoções. A qualidade do funcionamento mental da analista será uma das variáveis que fará com que vá para um lado ou para o outro.

Mas vejamos como tudo procede, e em que medida a mente da analista torna-se aquele moinho que pode empurrar o fluxo contracorrente.

Maria diz que está cansada de ser boazinha, pensa que o primo do Sul é muito parecido com ela e se pergunta o que uma criança se perguntaria: "Quem são vocês para me dizer para ficar quieta no meu banco?". Depois, diz que gostaria de trabalhar na proteção civil, para acudir onde evacuam as cidades quando há as enxurradas, para conter os rios.

Parece, então, que entrou em contato com a menina rebelde que nunca havia podido ser, que além disso vai integrando o aspecto "primo", que quer cuidar para conter os rios emocionais e tornar-se competente na gestão dos aluviões emocionais que comportam evacuações (crise??)[n].

A analista no início se assusta, temendo atuações, até que percebe (depois da frase de Maria, "não me interessa a terapia comportamental") o aspecto superegoico pelo qual havia sido dominada, e consegue dar espaço à rebelião de Maria, que inclusive menciona o título de um livro: *Meninas boazinhas vão para o céu, as más vão à luta* (U. Ehrhardt, 1996). Desta forma, abre-se também o espaço do bosque, dos animais que o habitam, do trabalho de proteção das várias espécies em extinção que aí se encontram e do desejo de poder trabalhar no "limiar do bosque": o que parece significar que há também esta abertura para emoções por um longo tempo renegadas que devem ser salvaguardadas, protegidas e desenvolvidas.

Parece que o que era "evacuado" agora pode viver no bosque, mesmo em termos de emoções intensas e até violentas pelas quais Maria começa a ser animada.

Esta sequência do trabalho com Maria me lembra uma menina hiperadaptada que tinha inventado, na sessão, um jogo, o jogo do tesouro, em que havia uma folha de papel que servia de cobertura sobre uma selva povoada por todo tipo de animal e, enquanto no jogo manifesto tratava-se de adivinhar, através da folha de cobertura, onde estava o tesouro, na realidade a folha de cobertura funcionava como uma janela que se abria em direção à (própria) selva interna, e representava a possibilidade de sair de uma bolha autístico-protetiva como a que envolve o protagonista do filme *O Show de Truman*.

Mas continuemos com outros exemplos clínicos.

As evacuações de Piera

Piera é uma paciente que poderia ser definida como completamente "psicossomática", que "evacua" suas angústias e ansiedades em cada órgão, passa de afecções da pele a perturbações gástricas, a crises hipertensivas, cefaleias e assim por diante. Tem também uma espécie de terror do contato (com as emoções que continuamente evacua no corpo?), por isso encontra uma forma de nunca dar a mão ao seu analista, que tem o hábito de dá-la no início e no fim da sessão.

Podemos imaginar um pequeno esquema do distúrbio psicossomático da seguinte forma:

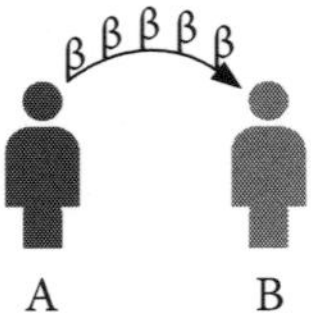

Envio de elementos β para a mente do outro (identificações projetivas), que, porém, não é receptivo para acolhê-los e metabolizá-los e, portanto, se defende em relação a eles.

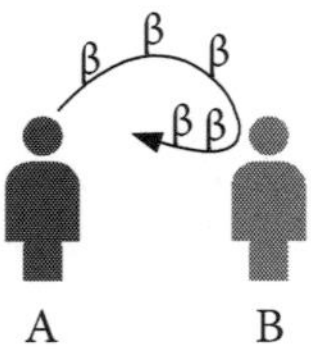

Os elementos β voltam aumentados, acelerados, e assim retornam ao emissário, que só pode evacuá-los. Uma das formas possíveis de evacuação é a de projetá-los em um órgão.

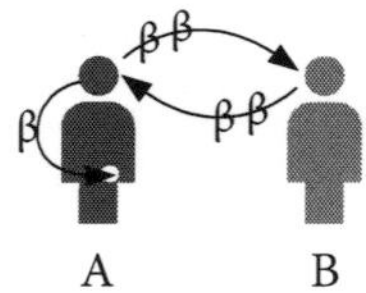

Naturalmente, o personagem "B", que diz respeito à história, aos poucos é introjetado como "objeto interno" não receptivo, na melhor das hipóteses, ou até mesmo como "*rêverie* invertida"

Com estes pacientes torna-se, então, central "não o que dizer, mas o que fazer". O que precisa ser vivenciado é, antes de mais nada, a receptividade mental do outro ao que estamos dizendo e às nossas emoções.

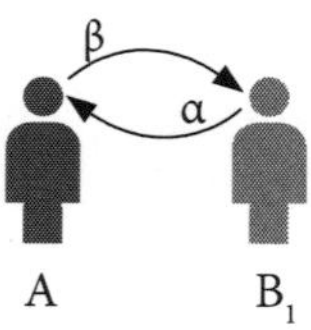

Também o que é progressivamente restituído deve seguir o funcionamento receptivo (seio-toalete de Meltzer, 1967/1971), e a restituição deve ser "minimalista", nas modalidades que podem ser toleradas por uma mente que não tem atitudes introjetivas – por enquanto. É como se alguém estivesse com uma terrível diarreia: o que importa é encontrar um banheiro adequado, continente e com a tampa aberta. O que e quando dar-lhe para comer virá depois. Bem, talvez seja necessário "hidratar", o que certamente não acontece por meio de interpretações de conteúdo, mas pela diluição em metáforas, imagens, intervenções "*à côté*".

Às vezes, o campo precisa adoecer da doença do paciente para depois poder ser transformado.

O restaurante de Alessia

Após uma sessão com muitas e verdadeiras interpretações de transferência (mas lembremos que Bion nos alertou para o fato de que interpretações pensadas e verdadeiras podem ser evacuadas como elementos β caso superem a capacidade de serem "contidas" pelo paciente), uma paciente tem um sonho em que ela está em um restaurante com dois amigos homossexuais. Depois há um amigo que lança sobre ela objetos que, mesmo sendo bonitos, a atingem e a machucam. Depois começa a vomitar.

Creio que este campo poderia ser desenhado assim (em relação aos elementos β e α):

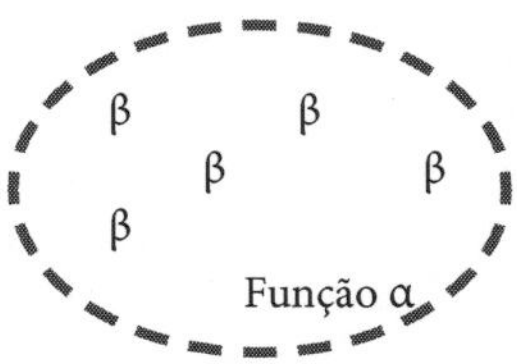

isto é, um campo hiper-β com uma inadequada função α.

O hiper-β deriva da história da paciente, de seu mundo interno, da atitude mais interpretativa do que receptiva do analista. Ou então, em relação ao aparelho para pensar, poderíamos representá-lo assim:

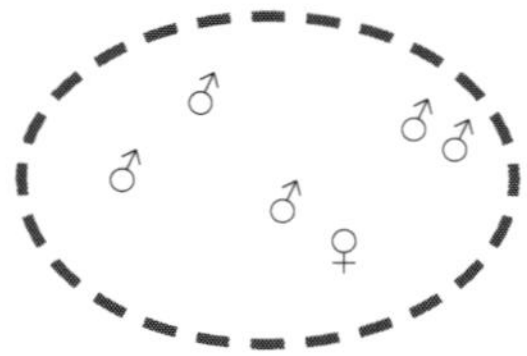

com uma representação gráfica da relação homossexual ♂♂ na qual não há acolhimento e na qual os conteúdos ♂ prevaricam em relação à possibilidade de ♀ e, portanto, são evacuados.

Estes desenhos, que se originam da história e que representam o mundo interno, descrevem também o campo atual. Disto pode-se partir para transformá-lo em um campo com cada vez maior significação de ♀ e de função α: isto é, com um maior componente receptivo, metabólico-digestivo por parte do analista.

Esta nova configuração, se for possível realizá-la na atualidade do campo, irá habitar o mundo interno e a história.

Isso passa também por uma tolerância do gênero narrativo proposto pelo paciente, gênero que, às vezes, é muito distante das sequências α de seu pensamento onírico de vigília.

Assim, por exemplo, uma sequência de elementos α do pensamento onírico de vigília pode conduzir ao que está ilustrado na Figura 3.6.

Penso que, por longo um tempo, devem ser respeitados os cenários narrativos propostos pelos pacientes, tendo a confiança de que, à medida que o trabalho analítico "metaboliza", abrir-se-ão novos cenários menos distantes e menos distorcidos daqueles iniciais, permitindo passar de:

$$\Delta N1 \rightarrow \Delta N2 \rightarrow \Delta N3 \rightarrow \Delta N4$$

Nisto está a paciência e a confiança do analista e nisto está sua capacidade negativa nos termos que Bion a tomou emprestada de Keats.

Para concluir, gostaria de apresentar, sem comentários, algumas situações clínicas que talvez lancem novamente mais questões do que as solucionem; por outro lado, esta é a minha intenção.

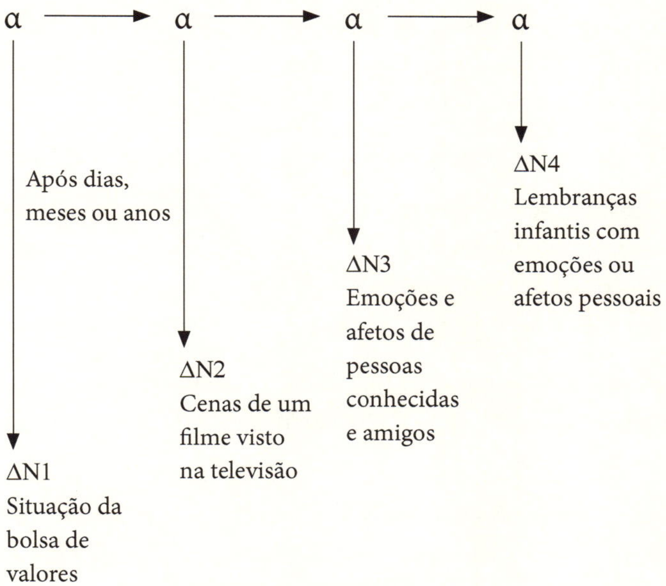

Figura 3.6

As perdas de Luigi

Luigi é um menino de 7 anos que é trazido para consulta porque "perde os cabelos", isto "após a perda do tio e do avô, aos quais era muito ligado", conta a mãe que o acompanha. Para ser exato, quando morreu o avô, Luigi perdeu todos os cabelos.

A mãe prossegue dizendo que "foi tão grande a dor que ele sentiu".

Agora tem na cabeça áreas sem cabelo, que continuam a se formar e a desaparecer.

Depois, a mãe conta que Luigi esforçava-se para não chorar, mesmo quando era pequeno, e que não consegue, mesmo agora, exprimir o que sente.

Estas primeiras informações já permitem colocar em circulação algumas hipóteses de significado. A própria mãe parece ter à mão uma explicação: o nexo entre o desaparecimento do avô e do tio, muito investidos afetivamente, e a perda dos cabelos.

Talvez o problema esteja na dor que *não pôde* sentir.

O formar-se na cabeça de áreas sem cabelo e seu desaparecer parece remeter a um luto interrompido, continuamente representado, mas não resolvido: como se tentasse uma espécie de simbolização com/no corpo de algo que não consegue viver, a perda.

No primeiro encontro, Luigi conta que seus colegas batem nele; depois, que ele faz "algumas brincadeirinhas" como levantar o banco ou levantar os colegas.

Depois faz alguns desenhos. No primeiro, são evidentes algumas cruzes. O campanário da igreja que desenha tem pequenas janelas que parecem grossas lágrimas. No segundo desenho, também a copa das árvores é em forma de lágrima.

No desenho da sua família, que ele propõe fazer, desenha a si mesmo, pai, mãe, além do tio e do avô. No quarto desenho aparecem os túmulos do tio e do avô no cemitério.

Parece evidente, neste ponto, o quanto Luigi se sente abalado por emoções que não sabe ainda como metabolizar; e como está sendo travada uma batalha emperrada – por enquanto – entre a elaboração do luto e a impossibilidade de realizá-lo: entre a perda e sua negação.

A dor de Carlotta

Com Carlotta, como analistas, reencontramos um velho terreno conhecido que nos apazigua, depois de tantas árduas e contrastantes digressões, em direção ao que sabemos e ao que gostaríamos de saber, isto é, o "distúrbio funcional".

Recebo um telefonema de uma colega muita alarmada que me fala a respeito de amigos seus que estão em uma situação terrível: a filha de 9 anos tem uma paralisia nas pernas que aconteceu em poucos dias e que lhe impede qualquer movimento. Fizeram muitas internações mas não chegaram a nenhum resultado. O pai de Carlotta é um diplomata que trabalha em uma nação que faz fronteira com a Itália e a mãe é uma jornalista conhecida.

Carlotta, relatam, teve sarampo, depois uma dor em uma das ramificações do trigêmeo e depois começou a paralisia das pernas. Fizeram duas internações, em dois hospitais com ótimos departamentos de neurologia, mas o diagnóstico foi que não havia nada de orgânico.

Isto não aliviou muito os pais, pois há quatro meses a menina está imóvel na cama, com uma paralisia flácida em ambas as pernas.

A mãe me relata também que já há algum tempo estava em dúvida se devia continuar seu trabalho, pois este a estressava muito, tinha também recebido ameaças e talvez preferisse parar um pouco para refletir. A nova situação que se tinha criado em casa, de fato, a havia obrigado a suspender o trabalho para se ocupar de Carlotta o tempo todo, como fizera com o irmão maior da menina, pois, quando Luigi nascera, ela ainda não trabalhava no jornal em período integral, mas só com colaborações esporádicas.

Fico alarmado com o relato e me sinto investido, seja de uma grande responsabilidade, seja de uma grande expectativa: os pais de Carlotta percorrem centenas de quilômetros para me encontrar.

Decido acompanhar os pais durante alguns encontros, para depois ver o que fazer.

Penso que existam duas pistas. Primeiro a questão da mãe e de seu trabalho, "resolvida" pela doença de Carlotta, por isso começo a trabalhar com os pais sobre este tema. A mãe gostaria de evitar o assunto, mas sente-se obrigada pelas expectativas do marido, que cai das nuvens dizendo não ter nada contra uma escolha da esposa de ficar em casa e cuidar dos filhos; mas então, se não se sente obrigada, a vontade de trabalhar no jornal volta... e assim vai se desenrolando esse problema, que corria o risco de sancionar uma aliança inconsciente entre mãe e filha.

A outra pista é a da *dor*, que tento fazer com que seja captada no significado metafórico desta comunicação: que tipo de dor pode ter tido ou ainda ter Carlotta nesse período, que sofrimentos não foram captados, e quanta raiva esse fato pode ter provocado?

Os pais de Carlotta são pessoas não só muito inteligentes, mas também muito sensíveis; por isso, não têm dificuldades de seguir também esta nova pista.

Em resumo, temos quatro encontros com um intervalo de quinze dias entre eles, desenvolvendo os temas que giram em torno da *dor* e das escolhas profissionais da mãe. Inventam também um jogo que é uma espécie de gráfico da dor, que dá sinais de estar em progressiva diminuição à medida que os pais tomam para si vários problemas que causavam sofrimento para Carlotta.

Eu tento dar um sentido ao que acontece: é como se uma central de comando tivesse sido inundada, e, à medida que a água reflui, os vários centros que voltam a estar secos recomeçam a funcionar. Carlotta faz uma espécie de rápida recapitulação de como as crianças começam a caminhar, começa a se arrastar no chão, depois com esforço a engatinhar; até que no nosso quinto encontro os pais espantados me contam que, após um desenho que mostrava o gráfico da dor e outro, que depois havia sido acrescentado, que mostrava o gráfico da raiva tendentes a zero, Carlotta tinha recomeçado a andar e tinha até organizado um bailinho com as amigas para festejar o acontecimento.

Naturalmente, Carlotta fará uma psicoterapia para que possa exprimir de outras formas sofrimento e problemas que ainda não foram "destrinchados", e a mãe optou por um trabalho de meio período.

Entre dizer e fazer nem sempre há o mar no meio:[7] Sergio, Licia e Piero

Aponto para três situações clínicas que parecem cobrir todo o espectro que vai desde o relato da doença psicossomática na sessão, em um outro lugar do campo em relação ao paciente, até o relato de uma doença psicossomática do paciente.

O primeiro caso é o de um paciente, Sergio, com o qual me encontro, no final da sessão, falando sobre os ciúmes e a raiva que ele pode despertar: a sessão termina falando de armas de fogo.

Na sessão seguinte o paciente começa dizendo que sua filha pequena teve uma grave reação alérgica a certos alimentos bons, mas que tiveram este efeito a ponto de terem que levá-la ao pronto-socorro.

Tento, por algumas sessões, abaixar o nível antigênico das minhas intervenções, até que aparece a menina, que se restabeleceu. Neste ponto, quando o paciente fala da "Grand Cherokee" que desejaria, mas que ainda não pode se permitir – referindo-se ao conhecido *off-road* –, digo, referindo-me aos índios, que é necessário dar lugar ao pequeno *cherokee*.

---

7 Alusão ao provérbio italiano *Tra il dire e il fare c'è di mezzo il mare* (Entre dizer e fazer há no meio o mar). [N.T.]

A "menina" tolera o alimento, se fornecido de forma tangencial.

Naturalmente, o problema de "escutar a escuta" do paciente é complexo, e ainda mais complexo é o que fazer: isto é, interpretar a resposta às interpretações ou modificar a própria qualidade do alimento interpretativo.

A segunda situação clínica é a de uma jovem mulher, Licia, "por demais madura na aparência", como comenta a colega que a traz em supervisão, em constante briga com a mãe desarrumada e descuidada. O conflito entre as duas parece insanável e gira frequentemente em torno da beleza, a feiura, os vestidos, os cuidados estéticos, e isso frequentemente com atuações incontinentes.

Também com os namorados, que se seguem no tempo, há sempre uma história de brigas e conflitos em relação à aparência e à feiura. Surge depois, como chave definitiva de acesso, um sonho com o retrato de Dorian Gray: parece que a beleza é o antídoto em relação aos estados depressivos, até em completa deterioração, com os quais o contato provoca horror.

Tem mais: Licia relata depois os frequentes episódios alérgicos nos quais fica cheia de tumefações (a parte negada de si mesma?) que a obrigam a um intenso tratamento com cortisona, com o qual sara, mas depois o ciclo se repete.

A terceira situação clínica é a de um paciente, Piero, com a doença de Crohn, que lhe provocava violentas evacuações, cujo quadro sintomatológico tem nítida melhora em coincidência (temporal? causal?) com um desenvolvimento de sua análise, na qual consegue se reapropriar de aspectos seus negados ou cindidos. Após ter estudado psicologia, havia decidido ser bibliotecário, depois progressivamente tinha resolvido se reaproximar da "cura dos loucos", até reconhecer seu medo do escuro porque nele pareciam se "abrigar monstros, bestas imaginárias, diabos" e encontrar seu medo de que do armário do quarto pudesse sair um homicida, que de noite poderia matar todos os seus familiares. Nesse ponto começa, junto com um estágio em psiquiatria, a desenhar histórias em quadrinhos com personagens alienígenas e terrificantes que encontram espaço, continência e possibilidade de representação.

4. As homossexualidades: um campo a ser arado

Este capítulo, como o anterior, também não se oferece como uma sistematização, e sim como uma exemplificação de trabalhos em curso que, partindo de experiências clínicas ou de supervisão, num certo ponto permitem uma proposta de conceitualização, inicialmente imprevisível e que, aos poucos, ganha corpo, e que é a de olhar para os vários tipos de "funcionamento mental" que podem ser chamados de "homossexuais", prescindindo do sexo biológico. Este tipo de conceitualização quer ser somente uma contribuição a um assunto que certamente ainda necessita de reflexões aprofundadas e de outras contribuições.

- Há uma forma de homossexualidade que implica um modo específico de se relacionar e de aplacar uma parte de si mesmo temida como muito violenta e impossível de ser contida, que é sedada por meio da masturbação, da felação ou do ser sodomizado, uma vez que esta parte impossível de ser contida (ou temida como tal) é projetada no Outro.

Isto é, há um funcionamento masculino ♂ (ou, no meu dialeto, um hiperconteúdo) no próprio mundo interno que só pode ser administrado "aplacando-o" após tê-lo cindido; isto remete a uma determinada modalidade de lidar com aspectos psicóticos ou primitivos da mente em relação aos quais não se dispõe de outros recursos para administrá-los.

- Depois, há uma forma que remete a uma espécie de autoaconchego defensivo que vai desde um gradiente narcísico (uma relação homossexual consigo mesmo que nega a ausência e a necessidade do Outro-diferente), até formas muito excitadas nas quais a homossexualidade e todo o cortejo de angústia, culpa, autocrítica funcionam como uma "droga", um poderoso antidepressivo, ou melhor, como uma excitante forma de eliminar a angústia, para dizê-lo com Ester Bick, "como uma segunda pele".
- Há uma homossexualidade que desliza no transexualismo, em que há uma parte de si temida, violenta e impossível de ser contida, que é "estrogenizada": uma espécie de excesso de ♂, que é administrado com diferentes modalidades, que vão desde a "feminilização" até fantasias de "submissão" em relação àquilo ou àquele que "personifica" este excesso de ♂.

Assim é na terapia de Sandro, até que, em um sonho, surge "um gorila vestido de amarelo em cima de um *skate*". O surgimento e o reconhecimento desse gorila assinalam uma virada na terapia de Sandro, que pode passar dos projetos de suicídio (que eram, também, a última defesa possível em relação à invasão/impossibilidade de administrar do "gorila") a fantasias agressivas e violentas; mas isso só depois que sente a análise como um lugar que se tornou uma espécie de "zoológico com guardião", em que o "gorila" pode começar a ser "contido" sem mais o risco da impossibilidade de contê-lo, como na célebre canção de Fabrizio De André.[1]

1 Fabrizio de André é um compositor italiano muito conhecido. [N.T.]

O hiperconteúdo ♂ agora pode começar a encontrar modalidades (através do *setting*, a mente do Outro) para ser contido e metabolizado por meio da operação de desenvolvimento de um continente que os vínculos com a mente receptiva do outro permitem.

Portanto, gostaria de considerar também este tipo de homossexualidade como uma modalidade para administrar "angústias psicóticas violentas e invasivas" que não haviam encontrado outra possibilidade de serem administradas ou transformadas.

- Há uma outra classe em que a homossexualidade de tipo feminino ♀♀ comporta uma harmonia indiferenciada que funciona como uma barreira em relação às protoemoções das quais se teme a irrupção violenta e que, desta forma, são "letargizadas".

Permanece sempre a questão da escolha do sintoma: por que este tipo de defesa homossexual e não um controle obsessivo do "gorila", ou uma fobia – por exemplo – de animais ou de pelos, ou então explosões caractereopáticas?

A única metáfora que me vem à mente é a de um lago ou de um dique cujas margens se rompem; vai depender das características do solo circundante a maneira como a onda será administrada: de forma torrencial, formando um pequeno lago, com um alagamento e assim por diante. Outras variáveis são, também, a entidade da fissura do dique, a pressão da água, a altura do lago etc. Mas enquanto um engenheiro, provavelmente, saberia encontrar uma fórmula de, inclusive, predizer a eventual ruptura, nós – também em relação às características de "matéria viva" com as quais lidamos – podemos utilizar somente aquele "*a posteriori*" que nos permite reconstruir "depois" e não, certamente, fazer previsões, a não ser muito genéricas. Vejamos, após estas reflexões, alguma exemplificação clínica.

O que falta para Dino?

Quando uma terapeuta muito capaz me traz, em supervisão, o caso de Dino, diz que é importante o nome *verdadeiro* do paciente.

Depois, conta o medo de Dino de "poder ser homossexual", de se apresentar "com as emoções supercontroladas", de sua tendência em "evitar qualquer conflito".

Na sequência, falando sobre a forma de Dino enfrentar os problemas, se refere às suas palavras: "O quebro em pedaços e faço o trator".

A sessão que ela apresenta mostra a atividade interpretativa da terapeuta, do tipo trator, dando a impressão de ser um malho em relação às defesas do paciente; este (como se conhecesse o conceito de identificação projetiva ou de tela β) pergunta: "É normal que se obrigue o terapeuta a fazer o papel de si mesmo?".

Neste ponto, o enigma me parece suficientemente esclarecido: a minha *rêverie* sobre a importância do nome Dino tinha sido, desde o início, sobre o pedaço que faltava, "sauro".

O restante das comunicações confirma minha hipótese: a existência de uma parte (ou um funcionamento) cindida, primitiva, violenta, temida, impossível de ser contida, que depois é "atuada" ou, se preferirmos, acolhida e personificada justamente pela terapeuta com sua hiperatividade interpretativa (daí a pergunta do paciente se era normal "que se obrigue o terapeuta a fazer o papel de si mesmo").

Evidentemente, a homossexualidade era uma defesa e ao mesmo tempo uma modalidade de administração e mascaramento do "sauro violento".

O círculo se conclui com o relato de pais muito frágeis e doentes, dos quais havia sido desde pequeno o suporte, sem nunca poder exprimir raiva ou discordância em relação a eles.

Uma reescrita do caso do Dr. Jekyll e Mr. Hyde poderia ser, no lugar da alternância dos protagonistas, "se ele está eu não estou" e vice-versa, uma história em que Mr. Hyde tem uma relação homossexual com o Dr. Jekyll, vivida por este de forma passiva. A busca e a personificação do duplo caractereopático (ou psicótico) cindido encontra-se em uma infinidade de tramas de livros e relatos e, de forma ainda mais dramática, na história final da vida de Pasolini.

A chupeta de Fabrizio

Para Fabrizio, o torturar-se constantemente sobre o fato de ser homossexual, transexual ou pedófilo se revela bem cedo como uma espécie de cruel ruminação que o distrai de seu problema profundo: o de não ter nenhuma importância para ninguém, de não ter valor e peso.

A ruminação obsessiva é uma espécie de chupeta molhada na pimenta (ou no fel) que o distrai e, de alguma forma, salva-o das vivências depressivamente catastróficas, que se ele entrar em contato só pode atuar uma tentativa de suicídio que, no fundo, permite "abrir" o cenário dramático que estava ocluso pela sua ruminação.

O laço de Martino

Há pacientes para os quais o medo da "sodomização" e de uma homossexualidade passiva remete ao terror de serem sodomizados pela sua "própria parte psicótica", enquanto o medo de ser pedófilo, em outros pacientes ou em outros momentos da terapia, remete ao medo que "a parte psicótica" possa "romper" a parte sadia, pequena e indefesa em relação à outra.

Martino, um paciente com este tipo de temática, quando já se sentia invadido pela dor que lhe provocava a "sodomização" por parte dos aspectos psicóticos, tentou se matar utilizando um "laço de metal para matar os porcos".

Com pacientes nos quais a "homossexualidade" tem esta característica de uma prevaricação violenta exercida por uma grande parte primitiva ♂ que determina uma ruptura de um continente inadequado ♀, é muito significativo o momento no qual o que é intrapsíquico torna-se relacional.

Na terapia de Dino, descrita há pouco, a terapeuta cai em uma espécie de "assunção de papel": de forma inconsciente, atua por meio das interpretações esta parte violenta e não contida do paciente. Porém, isto permite ao paciente sentir-se aliviado desta parte e viver essa experiência de ruptura subjugante na relação, em que esta parte pode tornar-se visível, passível de ser vivida e pensada. Assim, inicia a sessão seguinte à das interpretações violentas contando ter ido ao dentista, que colocou em sua boca, violentamente, "ferros", explorando a boca com pinças, objetos pontudos e fazendo-o sangrar.

A terapeuta recolhe na transferência esta comunicação, dizendo que às vezes ela própria lhe coloca os "ferros na cabeça" de forma inadequada, perturbando-o; nesse ponto, o paciente fala de um outro paciente que matou um psiquiatra: isto permite captar a raiva, a fúria, pelo sentimento de prevaricação intrusiva que viveu na sua história infantil, e que vive por parte de objetos internos e por parte de protoemoções em relação às quais não dispõe de aparelhagem de acolhimento. Isto permite iniciar a metabolizar na relação (e graças à relação) aqueles hiperconteúdos ♂ pelos quais se sentia sodomizado.

Os atrativos de Mario

Como eu dizia no parágrafo anterior, muito importante e precursor de possíveis desenvolvimentos futuros é quando o intrapsíquico torna-se relacional, porque neste momento há uma maior possibilidade de desenroscar fantasmatizações que, caso contrário, evoluiriam sempre da mesma forma. Este, por inciso, é também o motivo pelo qual a relação, suas vicissitudes e as interpretações centradas sobre a relação mobilizam mais as fantasmatizações do que as interpretações "sobre" ou "entre" os objetos internos do paciente.

No início de uma sessão com Mario, enquanto o sigo desde a entrada até a sala de análise, me vejo pensando – de forma completamente fora do habitual – "que belo traseiro proeminente".

Esta fantasia sai de cena e, somente após o fim da sessão, percebo ter utilizado todo o tempo do paciente com interpretações intrusivas e precoces.

Mas isto me permite refletir como eu havia "fantasmatizado" e depois "personificado" aquela parte violenta e intrusiva de Mario pela qual ele mesmo se sente, frequentemente, "prevaricado"; e me permite iniciar um desenrolar relacional do novelo que, se permanecesse intrapsíquico, não teria tido suficiente "espaço" para desenrolar-se.

O "negro" de Giulio

Em um momento de depressão, Giulio conta ter tido, quando estava sozinho, em uma cidade distante, fantasias homossexuais que o deixaram perturbado por causa da forte tentação de atuá-las.

Não é difícil compreender, dentro da sessão, que Giulio buscava por meio delas uma estimulação antidepressiva e como, particularmente na fantasia de uma aproximação homossexual com um negro grande e forte, buscava "recarregar-se" com uma espécie de matriz primitiva, representada pela força vital do "negro primitivo": tudo depois havia-se concluído com uma série de "Negroni" no bar.

A "tristeza" de Pino

Na análise de Pino, as imagens de relações homossexuais em que sofre violência diminuem à medida que Pino torna-se capaz de "viver" sentimentos que antes evacuava. São sentimentos de pena, de solidão, especialmente um estado de alma que Pino define como "estar entristecido", que está ligado a lembranças ou fantasias de crianças sozinhas, crianças de países do Norte, "com a chave pendurada no pescoço" porque em casa não há ninguém que os espera, porque todos estão tomados pelo trabalho e pouco atentos ao cuidado afetivo com os filhos.

A "droga" de Domenico

Domenico, piloto de uma conhecida companhia aérea, logo se apresenta dizendo "ser *gay*". Diz ter sofrido muito com uma relação com um artista que vivia em Roma, e relata as "lembranças dilacerantes de quando ele ia embora de Roma".

Mas, desde o início, fala de dois problemas para ele mais dramáticos. A bulimia que não o deixa e a angústia de "ter um pênis muito pequeno", de ser "pouco dotado".

Parece viver o drama de uma laceração impossível de ser integrada entre aspectos de si talvez idealizados, mas artísticos, e um aspecto "pouco dotado" que o leva a fazer o empregado, não conseguindo assumir tarefas mais comprometedoras.

Este sentimento de inadequação, esta impossível integração entre aspectos artísticos e aspectos pouco dotados o dilacera.

Sai desta aflição com uma promiscuidade homossexual que serve como antidepressivo, mas também com o uso de drogas e com o jogo compulsivo.

Mas as relações homossexuais parecem ser, também, a esperança de uma possível integração entre seu Sul, extremamente pobre, e o Norte riquíssimo de um sonho.

Na sessão, se o regime interpretativo supera um certo nível, começam os vômitos e as ausências.

A única estratégia possível parece ser a de assumir a parte menos dotada, para que, por meio de uma "liposucção" e uma redução do peso, ele possa encontrar aqueles receptores que lhe permitam integrar aspectos idealizados, cindidos e potencialmente funcionantes.

Esta modalidade "excitante e antidepressiva" não é específica da homossexualidade, mas é característica também de outras formas possíveis de perversão, como fantasias pedófilas, fantasias de orgias e de violência sobre pessoas do outro sexo, em uma espécie de caleidoscópio de possibilidades das quais – como eu dizia – o máximo divisor comum é o aspecto hipomaníaco – afasta preocupações. Uma espécie de tampão alcalino em relação a uma dolorosa "acidez". Portanto, é importante, mais do que captar os conteúdos e interpretá-los (poderia ser tanto no mundo interno como na transferência), captar sua "função" em um determinado momento do funcionamento mental específico do paciente.

Uma neblina para Emanuelle

Há situações, como a de Emanuelle, em que a homossexualidade e todo um corolário de diferentes perversões são usados como uma espécie de "neblina" defensiva para não ver os monstros pelos quais vive perseguido e ameaçado, da mesma forma com que, simetricamente, seu terapeuta "despeja" teorias psicanalíticas – com a mesma função de "neblina" – em uma série de sessões.

Bion foi muito claro nisso: há sempre a tentação (para paciente e analista) de permanecer na coluna 2 da Grade, isto é, na mentira, para evitar o impacto com verdades emocionais frequentemente "monstruosas".

Emanuelle, por exemplo, antes das férias perde o "contato" emocional consigo mesmo e com seu terapeuta, que – como dizia – por sua vez se defende com intervenções de tipo teórico. Até que Emanuelle diz, falando no passado, que "engolia os sentimentos dos quais não gostava" e logo depois acrescenta "que o pênis não funcionava, que tinha uma terrível raiva em relação a Deus e que sentia atração por roupas femininas".

Se Emanuelle não sente seus sentimentos reconhecidos e acolhidos, só lhe resta engoli-los, salvo depois encontrar-se em uma situação de impotência e com uma terrível fúria em relação ao seu terapeuta e, se isso mais uma vez não é acolhido e transformado, só lhe resta uma espécie de "estrogenização" emocional: as roupas femininas e fingir que nada aconteceu.

Depois fala de seu desejo de quebrar, de destruir alguém.

O terapeuta, mais uma vez, não recolhe, e então Emanuelle volta a falar de homossexualidade, também no registro de não perceber o outro acolhedor em relação às próprias angústias: se o outro não acolhe, a relação é realmente assim ♂♂ e não ♀♂.

Diz que gostaria de reencontrar uma velha amiga (♀) que o compreendia, enquanto, na realidade, o terapeuta está muito tomado de preocupações por Emanuelle para ser realmente receptivo.

Há um momento no qual, porém, o terapeuta capta "o se sentir sozinho" de Emanuelle e o quanto isso desperta emoções explosivas como bombas. Emanuelle capta imediatamente a maior permeabilidade e responde dizendo que conheceu num *chat* um rapaz que parecia uma moça. Encorajado por este parcial sentir-se acolhido, relata o sonho, que é o que estava sob a neblina: "Havia um monstro que cortava em pedaços os rapazes e estuprava as moças". O terapeuta, que decide as férias, que impõe as datas, que bem sabendo do risco de suicídio de Emanuelle suspende da mesma forma as sessões, só pode ser, aos olhos de Emanuelle, um monstro que o corta em pedaços e abusa dele; mas o terapeuta não capta esta comunicação, fala da "escravidão" que uma imagem como a do sonho representa e Emanuelle volta a falar de homossexualidade.

Gostaria de sinalizar, de um lado, como homossexualidade e travestismo aparecem sempre que há uma interrupção da comunicação, e, de outro lado, como pontualmente se alternam, na cena analítica, homossexuais, moças, travestis, sinalizando as qualidades do acasalamento mental que acontece na sessão ♀♂, ♂ ♀, ♀♀ etc.

Portanto, do ponto de vista do funcionamento mental, pode haver uma homossexualidade masculina e uma homossexualidade feminina, tanto nos homens como nas mulheres.

Por homossexualidade masculina entendo uma problemática relacionada com a forma de administrar os hiperconteúdos mentais ♂, com modalidade de tipo masculino ♂♂; o problema é como aplacar, cansar, sedar o hiperconteúdo em relação ao qual não há capacidade suficiente de continência. É deste tipo a maior parte dos casos que até agora descrevi. (Um outro exemplo ainda poderia ser o de um paciente, com uma longa análise nas costas, a quem, depois do seu relato de que quando criança se cobria com ursos para dormir, com medo de que alguém pudesse sair de debaixo da cama, perguntei, à queima-roupa: "e quem você temia que pudesse sair?". Ele respondeu sem hesitação: "Bin Laden".)

Ao contrário, as homossexualidades de tipo feminino (e, repito, podem ser tanto de homens quanto de mulheres) são aquelas nas quais prevalece nitidamente um funcionamento ♀♀, em que uma busca de completa harmonia tem o objetivo de evitar o surgimento de hiperconteúdos não administráveis; esta última modalidade é, de certa forma, ainda mais arcaica e persecutória, pois existe, justamente, a evitação fóbica do hiperconteúdo ♂, que é preciso impedir que "pule para fora". Ao passo que nas que eu denominei masculinas ele já "pulou para fora" e há o problema de como lidar com ele.

O sossego de Cristiana

Cristiana, já no primeiro encontro, fala de sua constante necessidade de completa harmonia e do terror que sentia, quando era pequena, do "apito do trem": parece dizer que a harmonia pode ser quebrada pela irrupção de um trem de paixões explosivas e incontroláveis, como de fato aparecerá ao longo da terapia. Nos sonhos, em paisagens idílicas, surgirão aranhas aterrorizadoras, assim como imprevistas explosões de raiva e ciúmes na realidade: a única alternativa é uma harmonia perfeita.

Mas a harmonia, ou melhor, o sossego não deve ser perturbado nem mesmo por experiências positivas, porque estas também quebram o equilíbrio: como no sonho em que uma amiga lhe mostrava um panorama muito bonito, mas para ela era impossível tolerar tanta beleza.

Para além das possíveis leituras meltzerianas, ou kleinianas, parece que a função α de Cristiana é excessivamente ativada também por estímulos positivos.

Também o belo, o prazer, ou uma paixão positiva são fontes de mal-estar, pela quebra do "sossego" que representam.

Aqui surge uma ponte em relação àquelas zonas autísticas da mente em que uma função α hipotrófica impossibilita qualquer alfabetização: há uma situação de "hiper-β" por carência de função α, e cuja defesa consiste em uma situação de sossego totalizador.

Como eu dizia, a concepção da homossexualidade, como pertinente ao funcionamento das mentes e das modalidades de relação das mentes entre si, conduz a uma ampliação do funcionamento homossexual masculino ou feminino também nas situações em que não há uma estreita implicação sexual concreta.

Os afagos de Mariella

Mariella está casada há muitos anos com Stefano, mas ao longo de sua união tiveram mais ou menos dez relações sexuais. Gostam de ficar abraçados na cama de casal, afagando-se ou acariciando as costas um do outro. Vivem uma situação emocional totalmente pacífica, sem turbulências, sem pontas, sem conflitos e sem emoções violentas, imersos em um clima de ternura afetiva recíproca.

Isto, até serem reconhecidos como idôneos para a adoção de um menino: neste ponto, Mariella explode, dizendo que conseguiram enganar a todos e fazer crer o que eles não são. A esta explosão segue-se uma segunda, o apaixonar-se de Mariella por um físico nuclear conhecido por acaso, com o qual dá início a uma relação passional.

O marido, no início, "finge" não ver, depois não quer saber, depois chora com a ideia da separação. As histórias familiares de Mariella e do marido são cheias de lutos e perdas não elaboradas, assim como nunca foram elaboradas todas as violentas emoções relativas a estas separações forçadas.

A noite de núpcias é vivida "chorando" pelo afastamento das respectivas famílias. Depois iniciam aquele segurar a mão um do outro com ternura, que prosseguirá por muitos anos.

A meu ver, o funcionamento de suas mentes foi do tipo homossexual feminino, no qual havia uma relação de tipo ♀♀, em que a afetividade, a eliminação de qualquer diferença e possível conflito servia para manter cindidas e fora do campo todas as emoções não pensáveis (♂) que permaneciam como tempestades em mares distantes e sobre as quais não havia notícia nem nos boletins meteorológicos. A menos que irrompessem de forma repentina, com a necessidade de verdade emocional e com o apaixonamento passional; então, um funcionamento ♂ entra no campo, subvertendo o velho sistema ♀♀ (com ♂ completamente cindido). A irrupção de ♂ causa turbulências muito intensas, por causa da relativa inadequação de ♀ para contê-las.

Em seguida, as coisas com o novo namorado se complicam, no sentido de que ele também se torna mais terno e afetivo, e Mariella se pergunta "se é ela quem castra os homens", isto é, como modalidade de administração das emoções ♂ utiliza uma espécie de "castração" pela qual ♂ torna-se ♂ e depois é cindido ou estrogenizado, tornando-se um funcionamento ♀♀. Mas as emoções voltam a se manifestar: encontra o namorado (físico nuclear) com uma outra mulher e explode o ciúme de forma extremamente violenta.

Sucessivamente, na sessão, Mariella dirá ao seu terapeuta: "Me descobri, comecei a correr atrás dela como um cachorrinho".

Não somente explodem as emoções, não somente se descobre no sentido de se mostrar, mas descobre a si mesma e descobre quanto a dependência, a ligação, a relação atraem emoções verdadeiras e extremamente intensas.

"Quero que ela pague": descobre também a raiva, a violência, o desejo de vingança.

De algum modo, saiu de uma espécie de Paraíso Terrestre, comeu a maçã do conhecimento e perdeu o Éden da ausência de conflito: passou agora a uma modalidade de relações heterossexuais (♀♂) nas quais se confrontam protoemoções e capacidade/incapacidade de administrá-las (continente/*rêverie*).

Por causa desta "incapacidade" é como se ela tivesse caído do Éden em uma espécie de floresta protoemocional, onde as emoções são feras que atacam e mordem, como em um sonho no qual ela era perseguida – aterrorizada – por panteras, tigres, leopardos.

Por vezes gostaria de reencontrar o marido e a "paz" que vivia com ele, ainda que soporífera; porém, reconhece que o novo namorado tem o mérito de "ter-lhe tirado para fora estas coisas", ainda que não seja fácil "estar entregue a todas essas emoções".

Para concluir, penso que, de um ponto de vista estritamente psicanalítico, seria necessária uma nova nosografia baseada no funcionamento mental do paciente e não sobre epifenômenos comportamentais.

Um exemplo de homossexualidade masculina seria a daquele paciente que diz ser "Ace gentil"[2] enquanto a água sanitária permanece dentro dele (e talvez também o ácido sulfúrico) por medo de que o outro possa ser queimado e, então, se transforma no contrário, fazendo-se "Ace gentil" e sofrendo os abusos do Outro, que utiliza sobre ele o ácido corrosivo.

Nesta situação, temos uma relação ♂♂ na qual falta o tubo de ensaio para o ácido sulfúrico, que é estrogenizado em "Ace gentil" até uma feminilização do tipo ♂ → ♀.

Não seria pouco se a psicanálise nos levasse a nos ocupar de casais fenotipicamente heterossexuais, mas na realidade muito homossexuais, ou que indagasse sobre eventuais duplas fenotipicamente homossexuais, mas na realidade mais heterossexuais do que duplas oficialmente heterossexuais: isto nos levaria a um desenvolvimento revolucionário, a partir do qual se poderia também pensar a psicanálise como algo capaz de, realmente, abrir vértices de pensamento "escandalosos", em que ficaria evidente que existem verdades mais verdadeiras do que aquelas que aparecem (*assim é se lhe parece!*). Que a psicanálise poderia ser uma peste, alguém já o havia dito antes. Naturalmente, o que foi dito neste capítulo é o derivado "necessário" das conceitualizações expostas no Capítulo 5.

---

2 Um produto muito utilizado na Itália para tirar manchas, muito delicado, formado por água sanitária extremamente diluída. [N.T.]

5. Um modelo da mente e suas implicações clínicas: como voltar atrás para seguir em frente

Uma analista muito capaz toma em análise um menino com uma síndrome autística caracterizada por borboleteio, ecolalia, repetição de frases de anúncios publicitários.

Na primeira sessão, Stefano derrama o conteúdo dos potes de cores, o qual, aos poucos, espalha sobre a superfície de tela acartonada que a terapeuta lhe oferece.

Esta cena se repete por um bom tempo, mas, com o passar do tempo, adquire uma forma mais contida.

Um dia, Stefano, após ter despejado a cor vermelha sobre a tela, espalha-a de forma que adquira algum formato, um formato que se alonga da matriz vermelha, e diz (entre as evacuações verbais estereotipadas) "o cozinheiro de (do fogo)". Inútil dizer o quanto a terapeuta ficou tocada e comovida com esta primeira comunicação "sensata".

O jogo com as cores prossegue, e Stefano produz cada vez mais esboços de formas (ao longo de muitos meses de trabalho, que é sobretudo um trabalho de acolhimento, reconhecimento, elaboração, por parte da terapeuta, das emoções, da sensorialidade de Stefano, pela qual, ao longo das sessões, ela se sente invadida e, às vezes, fortemente perturbada), até que, após aproximadamente um ano de terapia, são feitos dois desenhos: no primeiro, uma espécie de casca de canoa indígena com esboços de pessoas dentro; no segundo, um esboço de crocodilo e um leão com dentes afiados.

No plano verbal, a terapeuta se limita a descrever esta atividade; no plano emocional, continua o trabalho de elaboração dos estados protoemocionais e frequentemente protosensoriais pelos quais se sente "capturada".

A atividade de figuração continua, cada vez mais, com desenhos de paisagens, casas, árvores.

Uma atividade verbal significativa começa a se desenvolver por parte de Stefano, que descreve e comenta, com pequenas frases bem contextualizadas, o que representa no desenho.

Dois desenhos em especial adquirem significado: no primeiro há casas com telhados que parecem formados por línguas de fogo: o comentário de Stefano é: "bombeiros". O segundo é constituído por uma floresta de árvores com ponta fina e Stefano diz "espinhos... picam".

Esta frase será repetida por um longo período em concomitância com desenhos nos quais aparecem formas pontudas.

Durante esse tempo, a linguagem torna-se cada vez mais significativa e articulada, até o desenho da "panela para cozinhar os espinafres", no qual há uma grande panela no centro e, ao lado, duas figuras humanas, de um lado uma criança, de outro uma figura feminina.

As evacuações verbais e aquelas por meio do borboleteio diminuem cada vez mais e progressivamente vão sendo substituídas por brincadeiras ou comunicações verbais significativas.

O que se segue poderia ser o discurso de um físico experimental sobre o desenvolvimento da mente. Bion nos disse isso e predisse, como teria feito um matemático em relação a um problema de física.

A evacuação maciça de estados protosensoriais, protoemocionais por parte da criança é a primeira atividade que dá vida ao *big-bang* que é – na nossa espécie – o acender-se do mental. Se estas evacuações (elementos β) são recolhidas, acolhidas e transformadas por uma mente que as absorve e metaboliza (a função α), aos poucos são transformadas em pictogramas dotados de significado (elementos α).

A mente de quem opera esta transformação não somente transforma o caos protosensorial em figurações emocionais dotadas de significado, mas, na contínua repetição desta operação, passa também "o método" para fazê-lo (função α). Assim, é introjetada a "panela cozinha-espinafre", cozinha espinhos, que nada mais são senão aquela sensorialidade protoemocional que pica (elementos β).

A repetição contínua deste ciclo de transformação – verdadeiro ciclo de Krebs da mente – produz também outros efeitos: o jogo de projeção-introjeção-reprojeção-reintrojeção permite diferenciação entre espaço côncavo/espaço convexo, espaço do acolhimento/espaço do cheio: em síntese, permite diferenciar continente (♀) de conteúdo (♂).

O primeiro relacionar-se de ♀♂ é, de fato, a primeira relação sexual da mente com outra mente, e de uma mente consigo mesma.

Desse ponto em diante, os elementos α se reunirão em cadeias de pictogramas que darão colorido figurado ao que urgia de forma caótica e criarão a sequência de elementos α que constitui o pensamento onírico de vigília.

Este pensamento onírico, que permanece inacessível diretamente, exceto em situações especiais (Ferro, 1996), necessita de ulteriores operações que sobre ele são realizadas por aquelas funções mentais constituídas pelas oscilações PS ↔ D, ♂♀, e CN ↔ FS (Capacidade Negativa ↔ Fato Selecionado).

Do pensamento onírico de vigília podemos ter informações por meio de seus "derivados narrativos" (ou gráficos, lúdicos etc.).

Por exemplo, estímulos sensoprotoemocionais que impliquem irritação, raiva, se tranquilizar poderiam ser transformados, pela função α, nos seguintes pictogramas emocionais:

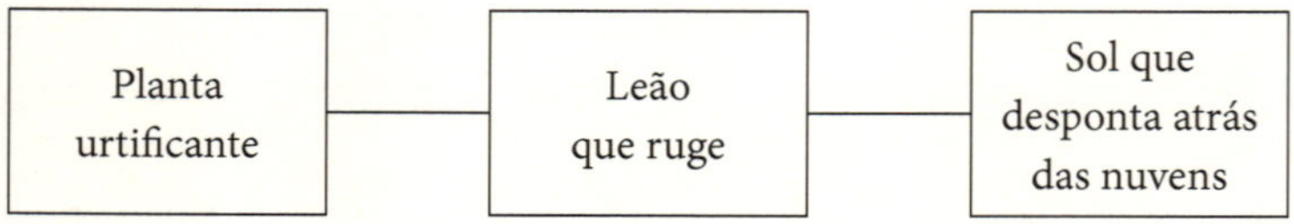

Esta sequência de elementos α, que permanece inacessível, poderia dar origem a uma infinidade de derivados narrativos dentro dos mais diversos gêneros literários (gráficos ou lúdicos).

Isto é, poderia tornar-se uma cadeia associativa que poderia ser expressa por meio de de:

- *um relato de infância*: quando o amigo do meu pai contou, à mesa, que me viu na rua, no horário da escola, senti um incômodo terrível, tive vontade de bater nele, mas o rosto sereno do meu pai me tranquilizou;
- *uma cena do cotidiano*: ontem, vendo rapazes que incomodavam um mendigo, senti muita irritação, estive a ponto de chamar a atenção deles, mas a chegada de um policial fez com que eles se afastassem;
- *uma cena sexual*: a falta de disponibilidade de Carla para fazer sexo me deixou muito bravo e eu pensei em ir embora e voltar para casa, quando descobri que na sala estavam os amigos para uma festa surpresa;
- *uma cena de um filme*: lembro de uma sequência de um filme no qual o protagonista fica de cara feia quando vê a mulher de costas abraçando um homem. Está prestes a agredi-la, quando vê que o homem a quem ela abraçava era o próprio filho, que voltara do exército. Como ele havia crescido!

Poderia continuar infinitamente, mas gostaria de acrescentar também um sonho porque é importante sublinhar que um sonho pode ser considerado (além de via régia de acesso ao inconsciente) como um derivado narrativo da sequência de elementos α do momento no qual é narrado, pelo que a mesma sequência que mencionei poderia ser narrada também assim: sonhei que estava sendo picado por algo que, no escuro, me parecia um escorpião, ficava furioso com quem havia me garantido uma viagem segura, mas depois descobria que era somente o espinho de uma planta.

Esta concepção da mente nos coloca um grande problema: o que é mais significativo em uma análise? Naturalmente, depende do grau de patologia do paciente ou do nível que queremos (ou sabemos) ocupar em relação ao funcionamento da mente. Considero que o aspecto mais importante é, antes de mais nada, o de permitir um desenvolvimento da função α, da capacidade de ♀, o que implica um aumento do desenvolvimento de ♂, da faixa de oscilação de PS ↔ D e daquela entre CN e FS.

É só o trabalhar por longo tempo em torno dessas necessidades primárias que nos coloca na condição de um cozinheiro que dispõe de fogos e de panelas para poder "cozinhar" os elementos que recebe crus. É neste ponto que, de fato, será possível nos ocupar dos aspectos históricos-reconstrutivos e fazer com que o contínuo trabalho do *capres-coup* permita transformações da história e da vivência.

Porém, não tenho tanta certeza, olhando para nossa espécie, que se trate realmente de uma "evolução definitiva", como promete a propaganda que incluo (Figura 5.1).

Frequentemente, tenho a dúvida de que possa tratar-se de uma involução da espécie, ou, pelo menos, de uma fase em que não é possível ainda afirmar se seremos capazes de um desenvolvimento da mente a tal ponto de permitir que a nossa espécie viva o melhor possível, de forma ética, ou se a condição defeituosa da nossa mente, caso não aconteçam novos saltos maturacionais, será sempre causa de terríveis destruições para exorcizar tudo o que não conseguimos explicar ou o que não sabemos aceitar, como a caducidade da nossa presença.

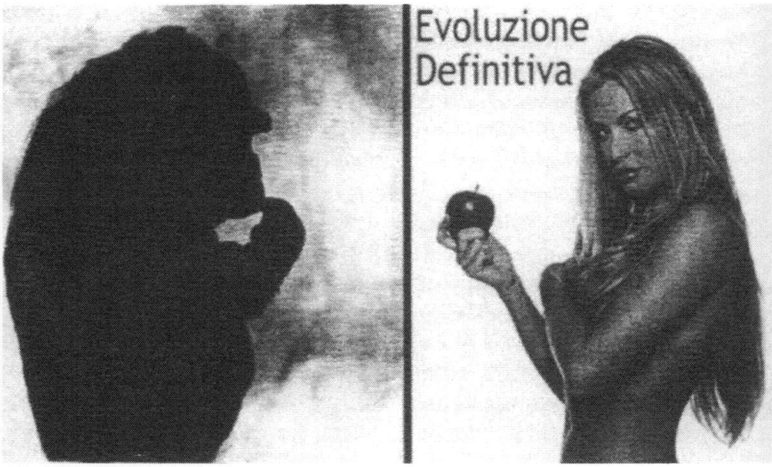

Figura 5.1

Mas, retornando ao nosso tema, gostaria de apresentar o caso de uma menina que tem fobia de qualquer coisa que possa lembrar explosões (emocionais), como balões de gás, garrafas de espumante, e que tem uma mãe com fobia de todo tipo de barulho do corpo, e que faz um desenho bastante afetado de uma casinha e de uma árvore.

Como supervisor, desenvolvo o desenho com uma *rêverie* que acrescenta um tubarão embaixo da casa, que dá sentido a um "ninguém me quer" dito pela menina: isto aumenta o grau de "oniricidade" desta análise, dando lugar também às partes ainda não pensadas.

A menina depois desenhará um monstro com unhas compridas, dando a chave de leitura das fobias da mãe em relação a quem rói as unhas: caso se roam as unhas, então isso mesmo presentifica o monstro impossível de ser representado.

O aumento de "oniricidade" permite o desenvolvimento da função α, a ausência de cesuras interpretativas precoces da analista, que constrói junto com a menina cercas para os animais ferozes (emoções-conteúdos ferozes ♂ que podem devorar), permite desenvolver a condição de pensar, isto é, de encontrar amplos espaços através de um desenvolvimento progressivo de ♀. Só depois, o que nasce desse trabalho poderá ser reconduzido tanto a conteúdos edípicos quanto à reconstrução das experiências infantis de uma mãe, por sua vez extremamente "vulcão" para poder dar lugar a uma menina com emoções magmáticas.

A nova experiência que a menina irá fazer na sessão de uma analista com *rêverie* e capaz de acolhimento será anterior a qualquer dotação de significado histórico, e essa experiência aos poucos irá transformar o magma emocional impossível de ser aproximado, através do uso de uma espécie de silabário emocional que resfrie e distinga em emoções possíveis de ser figuradas e, portanto, percebidas. O que possibilita o desenvolvimento (às vezes, a formação) dos utensílios para pensar se dá na sala de análise, entre a mente do paciente, a mente do analista e no interior de um *setting*.

Feito isto, também a experiência histórica e frequentemente histórico-transgeracional poderá ser tecida e compartilhada.

Penso que as duas próximas propagandas podem muito bem dar conta de uma metáfora, frequentemente usada por mim, para descrever a função α como uma espécie de espremedor de tomates (Figura 5.2) usado para transformar os tomates-elementos β em pictogramas emocionais (elementos α).

Na ausência de uma disponibilidade emocional ("Loveless") os elementos β permanecem como tais (Figura 5.3).

Na presença de uma mente disponível, a partir dos tomates nascem "TOT", "crianças", elementos α (Figura 5.4).

Figura 5.2

Figura 5.3

Figura 5.4

Laura e os pictogramas

Após algumas interpretações de transferências cautelosas e adequadas (do ponto de vista do analista), Laura entra em um clima de grande perseguição: "a mamãe me diz que sou uma incapaz", "me incomoda ouvir sua opinião" e precipita em uma situação de grande mal-estar.

Quando o analista recolhe o estado emocional dizendo que "às vezes, também pequenos comentários podem perturbar nosso sentimento de segurança", Laura se reorganiza e fala da sobrinha "que coloca música e dança", de si mesma e do seu "sentir-se daquela cor ou daquela outra" e depois do papai que "ficava horas penteando seus cabelos".

É como se pudesse retomar a marcha da formação de elementos α, que transformam protosensorialidade em pictogramas, em audiogramas, cinestesiogramas, e dessa forma houvesse a consciência da cor (afetiva), do movimento (emocional), da proximidade do cuidar. Retomando aos poucos uma maior organização da capacidade de pensar, afirma que se encontrou com seu noivo na situação em que "estavam se beijando sem que ela tivesse percebido", dando uma preciosa indicação de técnica: as coisas devem acontecer sem que o paciente perceba, com uma espontânea naturalidade, de tal forma que o paciente não atue manobras defensivas ou de evitação.

Paola e a mente do outro

Paola tem um sonho no qual diz ao marido o que sente, mas o marido em parte escuta, em parte pensa em outra coisa e se afasta. Ela, diferente de como teria feito antes, o segue, continua a lhe falar sem se retirar e depois vê que ele fala com uma moça. Ela, por sua vez, fala com uma moça que talvez trabalhe em um crematório onde, ao fundo, há cadáveres.

Eu penso que este sonho descreve, realmente, o meu estado mental, ouço a paciente e tento estar próximo dela, porém há outros pensamentos que dirijo – involuntariamente – a uma situação que me preocupa e que implica lutos.

Não penso que uma interpretação desse tipo ajudaria a paciente e seria mais uma confissão contratransferencial. Então lhe digo que me parece que capta muito bem o estado mental da pessoa que está perto dela e, especialmente, o sofrimento. A paciente fica tocada, assume esta primeira proposta interpretativa completando-a com a lembrança de lutos, da morte de duas crianças que houvera na sua casa (dois irmãozinhos) e conta que quando ela era pequena sentia o estado mental dos pais e, no caso, o sofrimento que tinham.

Continuo dizendo que, para ela, era e é importante ter a atenção e a presença mental das pessoas com as quais fala, e é como se agora, em vez de calar-se e retirar-se como antes, dissesse: "Doutor, eu preciso sentir sua atenção, sua presença mental, e que, quando está comigo, não se deixe afastar por outros pensamentos, especialmente quando dolorosos". "Como é bom – responde – ouvir pronunciar as palavras que ainda estavam mudas dentro de mim. É exatamente isso que eu gostaria de aprender a dizer."

Acho extraordinário como a situação atual permitiu, através de meu afastamento mental e do luto que eu precisava realizar, o "encarnar" da experiência de Paula criança com uma mãe deprimida cuja presença mental não podia ser dada como certa, mas que necessitava ser tateada, sem que este problema nunca tivesse emergido claramente, nem nunca tivesse sido colocado em palavras.

Sara e os barulhos do andar de baixo

Sara é trazida para uma entrevista porque sofre de crises encefálicas há diversos anos e todos os exames e terapias neurológicas haviam dado resultados negativos.

O começo desta situação é relacionado – pelo menos do ponto de vista temporal – com a doença e a morte da avó em virtude de uma "doença neoplástica altamente proliferativa" e com o nascimento de uma irmãzinha.

Também tem crises de angústia antes de dormir, afirma que quanto menos dorme mais tem medo de ter as crises de "dor de cabeça" e que o que a deixa acordada é a angústia de que "a irmãzinha chore" ou que "a avó que mora no apartamento de baixo, justo em correspondência ao seu quarto, possa deixar a televisão muito alta e que o barulho a atrapalhe". A única coisa que lhe dá alívio é ficar com o fone de ouvido do walkman e ouvir música num volume alto, e ao mesmo tempo diz que frequentemente "sente uma música na cabeça" da qual não consegue se libertar.

Já neste ponto, desconstruindo o texto da narração, parece possível construir uma hipótese de significado provisória. Naturalmente, o que emerge a partir de uma desconstrução, com sucessiva e diferente reconstrução de significado, deve ser confirmado por dados posteriores a serem recolhidos. A hipótese poderia ser a de que há um conjunto de "protoemoções" que urgem na "cabeça" sem que possam ser alfabetizadas, permanecem no estado de "choro", de música, de barulhos que provêm (ou que proliferam) do quarto de baixo, onde há uma estrutura primitiva que "não ouve" e evacua. O fone de ouvido do walkman parece exorcizar a música proveniente de dentro, ou melhor, de baixo, como para o protagonista do livro *Almost Blue*, de Lucarelli, que ficava sempre com o fone de ouvido com uma música tocando para não ouvir o som dos sinos, que o teria levado mais uma vez a matar.

A sessão com Sara parece confirmar estas fantasias: faz um primeiro desenho onde aparece o rosto de uma menina sem boca e sem orelhas e um segundo, sempre com um rosto de menina, com as mesmas características mas menos estilizado.

Parece exprimir que há emoções "mudas" que não podem ser nem expressas nem ouvidas e que é o excesso, a proliferação destas, que depois é evacuado, dando, sim, alívio (emocional), mas também a dor de cabeça. No terceiro desenho, sempre com um rosto de criança sem boca e sem orelhas, aparece também um coração que pulsa, parece que algo ganha vida. Conta depois que sente alívio quando passa na testa o "bálsamo do tigre" e depois desenha figuras que são "pedaços que não têm nenhum lugar onde ficar".

Parece que, se a raiva (o bálsamo do tigre) pode aflorar, se há uma percepção de que há pedaços (de emoções) que não encontram lugar, começa-se a dar pequenos passos para a frente em relação à construção de uma espécie de silabário emocional que poderá, caso seja desenvolvido, levar a uma possibilidade de pensar as protoemoções que proliferam mudas e não ouvidas.

A sessão termina com o relato de Sara sobre ter encontrado uma vez um médico – e deste ela havia gostado – que lhe sugeriu "desenhar o que sentia". Parece que o encontro começou a despertar o que, na linguagem de Bion, poderíamos chamar de elemento α (o desenho emocional do que urge como uma muda sensorialidade). Em outra linguagem, poderíamos dizer que formou-se um pictograma.

Naturalmente, aqui se coloca a questão de se a mente do analista saberá ser aquela roda de moinho que poderá inverter o caminho em descida em relação ao sintoma evacuativo no caminho em subida em relação a uma mentalização e uma possibilidade de pensar.

O último desenho da primeira sessão parece confirmar a ausência de qualquer *rêverie* e o precipitar "em direção ao andar de baixo" sem ninguém que a segure. De fato, desenha uma classe com os bancos, uma cátedra, uma criança no meio, mas é suficiente olhar o desenho a partir de uma outra perspectiva para ver uma criança que cai do terraço de um prédio sem que ninguém cuide dela ou tente "recolhê-la".

Carmen e os abortos

Carmen, jovem pesquisadora em informática, pede uma análise em virtude do problema de "não ficar grávida", mesmo que do ponto de vista somático não tenha sido encontrado nenhum impedimento.

Pouco tempo depois do início da análise e da frequência a um centro de fertilização, Carmen fica grávida.

Tem apenas o tempo de sentir a "felicidade" por este fato, e logo é invadida por uma angústia impossível de ser contida, que faz com que opte por abortar, com nenhuma possibilidade de mediação.

Após alguns meses em que sente arrependimento, dor, incompreensão por esta inexplicável escolha, acontece novamente o milagre: fica grávida. Desta vez a alegria dura mais, mas depois de algumas semanas é novamente invadida por angústias impossíveis de serem contidas e de novo decide abortar.

Mas como podemos pensar algo aparentemente tão absurdo e contraditório?

Na análise relata que a mãe tivera uma depressão pós-parto, e que quando era pequena sofrera de eczemas, asma, vômito, com uma mãe sempre distante porque estava muito tomada pela própria profissão de arquiteta em muitas obras, inclusive no exterior.

Em uma sessão conta que ás vezes é tomada por "fantasmas terríveis", tem ataques de pânico, ficou perturbada quando acompanhou uma amiga ao pediatra e constatou que as "crianças não paravam um minuto". Depois conta que todas as vezes se sentiu "invadida" pela "criança que crescia dentro dela" e que não tivera outra escolha – para não enlouquecer – a não ser abortar, dizendo também que "sente a criança muito desesperada para ter um lugar".

A estes momentos de angústia alterna momentos em que dorme, e poderia continuar a dormir por dias e dias.

O problema parece ser o de um total sossegar das emoções, o sono e a infertilidade, "não sinto nenhuma emoção" – ou então –, as emoções se ativam de forma tão tumultuada a ponto de gerar pânico e terror, como se sentisse que, se um embrião de emoções começa a tomar corpo dentro de si, não pode fazer mais nada a não ser expeli-lo. Para Carmen, ainda não se trata de uma outra criança, mas de entrar novamente em contato com aquela si mesma menina abandonada pela mãe, menina que só pôde exprimir somaticamente a falta de cuidados primários e que continua usando um registro somático para exprimir seu drama: a criança que ganha corpo dentro dela ainda está por demais impregnada da sua dor, desespero, raiva, ódio e, para poder encontrar um lugar, precisa ser acolhida e permitir que se desenvolva.

Carmen ainda não tem condições de acolher estas emoções primitivas que a aterrorizam e precisa "abortá-las"; talvez a análise possa ser aquele útero em que as protoemoções "cindidas" (ou, talvez, devêssemos dizer, violentamente expulsas) poderão encontrar o ninho e o "forno" para serem acolhidas e transformadas, até permitir que a paciente não tenha mais medo de gerar "um monstro emocional" (como acontece no filme de Roman Polanski, *O bebê de Rosemary*), mas uma criança nova livre da herança transgeracional.

O "recém-nascido" de Stefano

Stefano, ao nascer, tem um grave "defeito" físico que faz com que sua mãe o veja como "um monstro" (como não lembrar a origem de toda a história trágica do protagonista de *Dragão vermelho*, de Thomas Harris), uma mãe que por meses chora sem conseguir cuidar de Stefano, que, por sua vez, grita desesperado.

Stefano se tornará uma criança com graves aspectos autísticos, tendo como mecanismo de defesa a "evacuação" (apreendida da mãe sem *rêverie*) através de tiques, estereotipias, hipermotricidade e "o adormecimento", apreendido do pai, que sempre negou e, desta forma, adormeceu qualquer problema relativo à diferença de Stefano em relação às outras crianças.

Um longo trabalho psicoterápico faz com que Stefano desenvolva uma progressiva competência linguística e se torne capaz de narrar e construir histórias, graças à capacidade de acolhimento e de *rêverie* de sua terapeuta.

Depois das últimas férias de verão, conta que "o recém-nascido" (um dos protagonistas de seus relatos) foi violenta e longamente brutalizado; depois, faz atentados com explosivos, e o Homem Triste (outro personagem), por sua vez, tenta matar o recém-nascido.

Penso que seja possível uma leitura destas primeiras sequências como a narração da forma como a "recém-nascida" e ainda em via de desenvolvimento função α tenha sido excessivamente posta à prova pelas protoemoções ativadas pelas e nas férias, e da forma como até protoemoções de dor, de tristeza, podem sufocar uma função α "recém-nascida".

No fundo, este é também o drama da espécie, na qual uma função α "recém-chegada em cena" corre constantemente o risco de ser saturada e atropelada por cotas de protossensorialidade excessiva, que superam a capacidade da própria função α: cotas excedentes que são, do meu ponto de vista, o que temos chamado de "instinto" (ou pulsão) de morte.

A sessão prossegue e há um outro personagem: "Hulk" sem braços, que não pode ser porteiro, "talvez tenha febre"; com grande intuição a terapeuta pergunta: "O que é que te preocupa, Hulk?" e a criança responde pelo Hulk: "A mamãe morreu de enfarte." Logo depois, começa a fazer Hulk brincar. Desta vez, o luto parece possível de ser metabolizado, ainda que deva permanecer não expresso no campo (outras vezes, explicitações relacionais diretas tinham causado violentíssimas evacuações-atuações).

Isto mostra como é necessário, quando a função α é "recém--nascida", não colocá-la excessivamente à prova, mas é conveniente utilizar intervenções tangenciais, que ativam menos estímulos intensos que possam vir a desestruturar o "recém-nascido".

A sessão seguinte começa com "um arroto" de Stefano, e a terapeuta prontamente pergunta: "Quem não digeriu?". A sessão prossegue com um jogo progressivamente mais tranquilo, em que se substitui, ao tão temido "atentado", uma "farra na discoteca" e, depois, a construção de duas casas próximas, entre as quais é colocada uma cordinha: "Ligação para comunicar", nas palavras de Stefano, um "pavio que, se um explode, explode também o outro" nos pensamentos da terapeuta.

A presença de uma mente disponível modula as tensões do campo, a partir da "explosão-atentado" começa a se ouvir "uma violenta música emocional" e começa a se desenvolver o complicado canto/contracanto entre identificações projetivas e capacidade de *rêverie*, o qual, se de um lado serve para comunicar, do outro envia para uma mente o estado mental de outra mente. Agora pode acontecer o que antes, na história, não podia acontecer, porque então, como em uma canção que Stefano irá cantar, a vivência era: "Há algo dentro de você que eu não suporto." (Do disco que se chama "A cabeça que não existe", como diz Stefano.)

A criança autista de Sandra

Sandra é uma psicóloga que trabalha em um serviço de neuropsiquiatria infantil. Em uma sessão de sua análise, fala longamente de um "menino autista". O analista faz uma interpretação discutível (mesmo que, naturalmente, "verdadeira" para ele) dizendo à paciente que ela está falando de seus "*aspectos desestruturados*". A paciente, depois de um momento de surpresa, conta (melhor dizendo, responde a esta interpretação contando) um sonho em que a irmã estava grávida de diversas crianças, das quais uma era "negra". Depois, acrescenta ter sido muito disponível no serviço onde trabalha e que os colegas se aproveitaram, e depois lembra de um cartaz dos "Médicos sem fronteiras".

É evidente que a paciente sentiu a interpretação como estranha, assim mesmo algo chegou (estar grávida), mas especialmente chegou algo estranho (a criança negra). Portanto, a interpretação é sentida como uma espécie de abuso em relação à sua excessiva disponibilidade e como uma espécie de incontinência interpretativa: "Médicos sem fronteiras."

Na sessão seguinte, começa falando de uma criança com um tumor na medula que é cuidada por *colegas estruturadas*, isto é, na sessão do dia seguinte permanece algo tumoroso e proliferativo do qual se ocupar e que parece derivar da atividade interpretativa proliferativa do analista.

Andrea e a voltagem tolerável

Andrea, já na primeira sessão, relata uma série de incômodos de natureza possivelmente psicossomática, perturbações gástricas, abdominais, constante peso no estômago e com um sintoma específico: introduz frequentemente, de forma coacta, um dedo em profundidade na garganta, como para vomitar.

Diz que trabalha como eletricista e depois, como se nada fosse, conta que foi atingido num braço por um raio, que o atravessou, e que ficou "vivo por milagre". Depois, fala com fatuidade dos animais da granja onde mora: cachorros, gatos, coelhos, galinhas.

Parece evidente que Andrea se depara com "energias elétricas" muito intensas para poder lidar e que encontrou o caminho da evacuação psicossomática, que porém parece insuficiente para "vomitar" o magma indiferenciado e entulhado de protoemoções que tem dentro de si.

Ao longo das sessões fala de sua paixão pelo mundo dos caminhoneiros e de que gostaria de ter a carta de caminhoneiro. Ao mesmo tempo, fala das crises de fúria em que quebra tudo.

Parece que, de um lado, não pode fazer nada a não ser evacuar, agora não mais no soma, mas de outro deseja também poder "dirigir" as próprias emoções.

Neste ponto, surge sua história infantil, com uma mãe dura e não disponível, completamente tomada pela administração da granja, que ficou toda nas suas costas quando ficou viúva logo após o nascimento do filho.

Com o tempo, a fatuidade de Andrea diminui e ele entra na sessão visivelmente "com a cabeça baixa como um touro"; depois conta que a única diferença entre o coelho e o gato está "na cabeça" e que recomeçou a matar os gatos, que, porém, são cada vez em maior número e, depois, conta várias cenas cruentas e de animais violentos e ferozes.

Parece que o trabalho analítico pode dissolver, desgelar o vulcão, que finalmente pode começar não só a entrar em erupção, mas também vomitar a lava protoemocional que possivelmente derivava das tensões que, quando pequeno, Andrea não havia podido evacuar na mãe, tensões que, desta forma, lhe retornavam aumentadas, fora as eventuais que eram evacuadas dentro de Andrea pela mãe, não só não receptiva mas também angustiada. A ausência de um circuito de *identificação projetiva-rêverie* que funcionasse implicava não só o fato de que as tensões não eram transformadas, mas também que eram aumentadas e, especialmente, que não era introjetada uma função "transformador".

A esse respeito, penso que seja superior a qualquer teorização psicanalítica e a qualquer descrição clínica, o romance *Dragão vermelho*, já mencionado antes, juntamente com *Hannibal* e *O silêncio dos inocentes* (todos de Thomas Harris), que constituem uma espécie de admirável mito moderno sobre a ausência de cuidados primários e de suas consequências. Não me interessa a qualidade literária dessas obras, nem cabe a mim julgá-las, mas do meu ponto de vista o autor tem uma grande capacidade de penetração psicológica.

O primeiro livro é dedicado a um *serial killer*, que mata famílias em toda terceira lua com rituais que preveem a humilhação das vítimas, a fragmentação dos espelhos, a disposição dos cadáveres de forma que olhem em direção aos espelhos. A história infantil foi trágica: abandonado pela mãe, possui também um grave defeito físico no rosto, por isso não ousa se olhar no espelho. Uma tentativa de voltar para a mãe e para sua nova família acaba falindo completamente e, depois da morte da avó, começa suas carnificinas. Isso até encontrar uma moça "cega" que não fica horrorizada com seu rosto e que tem com ele uma relação afetiva de total aceitação. Isso provoca nele uma espécie de cisão, entre um aspecto "Dragão vermelho", que deseja vingança de forma irrenunciável, e ele mesmo, que quer salvar a moça e a terna relação que começou entre eles.

Também o segundo livro está centrado em um *serial killer* que mata mulheres de grande compleição física; ele também tem uma história de abusos e violências. Mata porque quer confeccionar para si um traje de pele humana feminina, que sirva como "uma nova pele e identidade". Mata jovens mulheres para confeccionar – justamente como um alfaiate – este novo invólucro.

Nos dois romances, uma figura de destaque é Hannibal Lecter, um psiquiatra também *serial killer*, mantido prisioneiro dentro de uma jaula em cárcere de segurança máxima. A agente Starling do segundo romance é a heroína que vai à caça do *killer*, auxiliada pelo doutor Lecter, que estabelece com ela uma relação quase protetora, como se verá no terceiro romance, *Hannibal*, em que Lecter é o protagonista absoluto do livro. Nele estão descritas as tentativas da agente Starling de "prender" Hannibal, visto que ele fugiu do cárcere.

Mas especialmente, para além da história de gênero macabro policial, é narrada a história infantil de Hannibal Lecter: perdeu uma irmã muito amada em tenra idade; esta irmãzinha foi vítima de atos de canibalismo, tendo sido comida por dois bandidos que, esfomeados, haviam irrompido na fazenda em que vivia e, não havendo nada para comer, tinham devorado além de um pequeno veado, justamente a menina. Parece que o trauma sofrido precisa ser repetido de forma ativa: quando adulto, Lecter torna-se canibal, gostaria de inverter o curso do tempo e fazer reviver a irmãzinha, gostaria de um tempo não linear; a agente Starling parece poder ser, em parte, um substituto, em parte um possível "depósito" da irmãzinha, caso o tempo se invertesse e a irmãzinha voltasse a viver. A cena canibalesca se repete até uma terrível situação em que um homem, aos seus olhos culpado – ele mesmo, que não tinha podido salvar a irmã –, é operado no cérebro e participa, acordado, da extração do próprio cérebro, que é cortado em fatias nos lobos frontais, cozido e humilhado: como o próprio protagonista rói seu cérebro pela culpa.

Pergunto se não é possível ver o que acontece na ausência de "alimento para a mente", na ausência de *rêverie*: as partes ternas afetivas (a irmãzinha, a capacidade de ♀) são destruídas pelas partes violentas, que acabam por canibalizar a própria mente; o que é sofrido, depois é imposto aos outros, e são os outros que se tornam as vítimas. Se tivesse havido alimento, *rêverie*, a irmãzinha poderia ter vivido os afetos, as emoções teriam encontrado um lugar e o doutor

Lecter não teria sido vítima e carnífice devastado da culpa e anjo (ou melhor, demônio) vingador ao mesmo tempo. Há a narração do transgeracional, da culpa, do remorso, da compulsão à vingança.

A agente Starling pode ser pensada como a parte neurótica da personalidade que tenta "prender" a parte psicótica, mesmo que, depois, por um certo período fique fascinada por ela, paralisada em uma espécie de conivência obrigada que "dá sentido à parte psicótica", ficando (ou, visto que ficou) subjugada.

Os criminosos da parte inicial da história podem ser pensados como os elementos β que, não encontrando *rêverie* e transformação (por parte de uma função α), canibalizam a mente.

Assim, podemos pensar no *serial killer* do primeiro livro como a necessidade de evacuar em atuações as emoções ligadas ao trauma; os maus objetos persecutórios lhe impõem a vingança até que encontra a moça meiga e ali há a cisão entre a parte psicótica e "a parte capaz de relação": o que não é acolhido e transformado gera loucura e perseguição. Assim como, no segundo livro, há a tentativa de encontrar uma pele psíquica, um continente, uma mãe capaz de "conter dentro" (um ♀ capaz de parir ♂); e, por último, surge o personagem mais inquietante, verdadeiro "diretor" de todas essas histórias, o psiquiatra louco, verdadeiro Superego canibalesco e arcaico, que devora com intoleráveis sentimentos de culpa, até levar à ação desesperada, destrutiva e autodestrutiva. A sequência dos três livros me parece um admirável mito moderno sobre a ausência de cuidados primários e sobre suas consequências: o *killer*, a tentativa de autocura (a pele), o Superego e a sedução da parte sadia.

Utilizando ainda um *thriller* de sucesso, gostaria de acenar para um outro problema com o qual temos que lidar constantemente, isto é, o funcionamento mental do analista na sessão. Muito nos diz a respeito disso – naturalmente, com uma grande deriva interpretativa – um livro de Katzenbach que se intitula *O analista*. Trata-se de um livro que pode ser lido como um *thriller*, uma crítica severa ao mundo da psicanálise, e de muitas outras maneiras. Desde o início, a mim sugeriu o trabalhoso processo que um analista precisa realizar dentro de si mesmo para chegar a "curar" realmente.

Brevemente, a história é a do doutor Ricky Starks, analista de meia-idade, cansado, entediado pela vida e pela profissão, que, certa vez, enquanto realiza a última sessão do dia, escuta bater na porta, depois entrar na sala de espera uma pessoa ("Quem é?", pergunta-se, "Um parente de um paciente? Um paciente em crise? Ou quem mais?"). Terminada a sessão, vai à sala de espera, e quando, não vendo ninguém, está prestes a ir para casa, vê sobre uma poltrona um bilhete anônimo no qual lhe dizem que deverá suicidar-se dentro de um mês, caso não encontre ou reconheça "quem" lhe escreveu a carta. Terá que se suicidar porque, senão, todos os seus parentes, dos quais estão incluídos os endereços, serão mortos. Desenrola-se assim uma história com um crescente *pathos* entre a incredulidade e a perseguição, à medida que todas, todas mesmo, as certezas do analista são minadas e depois destruídas (bloqueado seu cartão de crédito, esvaziadas suas contas bancárias, destruídas suas habitações, expulso da sociedade de psicanálise e assim cada vez pior), até que o analista acorda, ativa-se, muda a postura mental, começa a "procurar" o perseguidor, se aproximando dele cada vez mais, até quase alcançá-lo; até que, no final, o doutor Ricky Starks, profundamente mudado, para de "*atuar como analista de forma rotineira*" e decide ser *antes de mais nada ele mesmo*, curar realmente as pessoas, após ter descoberto que o mandante, causa da perseguição, era justamente o paciente que estava na sessão quando haviam batido na porta da sala de espera.

6. Instruções para navegantes e náufragos: sinalizações a partir do campo analítico e transformações emocionais

Nestes últimos anos, meu interesse se dirigiu aos contínuos sinais que os pacientes nos fornecem para que possamos encontrar o caminho mais adequado para alcançá-los. A formulação interpretativa, as suas formas, o grau de exaustividade – do meu ponto de vista – não devem derivar de um nosso "casamento" com uma teoria forte da interpretação, mas muito mais de uma capacidade, cada vez mais afinada, de captar as respostas, o colorido emocional que o paciente faz entrar em campo após as nossas intervenções.

A "escuta da escuta" (Faimberg, 1996) não nos deve fazer refletir somente sobre como funcionou a mente do paciente após nosso "estímulo" interpretativo, mas, em igual medida, deve nos fazer refletir sobre como nós funcionamos e como podemos funcionar "aquele dia, com aquele paciente", para favorecer o maior número possível de transformações. Este interagir com o paciente de forma "flexível" tem, todavia, uma teoria forte por trás, que é uma expansão das reflexões de Bion em relação ao funcionamento onírico da mente também no estado de vigília.

No que estou afirmando, está implícita uma escolha de campo teórico, no sentido de que a mesma comunicação de um paciente – "Quando eu era pequeno, meu pai nunca me segurava pela mão, pretendia somente que eu fosse bem na escola e, se isso não acontecia, eram aulas particulares até não acabar mais e, às vezes, até me batia" – pode ser considerada, segundo o modelo preponderante, como uma cena de infância que ajuda a reconstruir um romance familiar, pode ser vista como uma fantasia inconsciente persecutória em relação a um objeto interno frio e prepotente (que num certo momento poderia também ser "projetado" no analista e desta forma interpretado), ou então como a precisa descrição, do vértice do paciente, do que está acontecendo na sala de análise naquele momento. Em uma ótica radicalmente relacional, isto poderia ser interpretado somente como se referindo ao aqui e agora: porém, do meu ponto de vista, isto achataria a cena analítica, a "alisaria" num plano atual, bidimensionalizando-a. Em minha maneira atual de pensar, eu veria esta comunicação como certamente ligada ao aqui e agora e como derivando do sonho da vigília que o paciente está fazendo naquele instante relacional, mas me colocaria uma série de perguntas:

- Como posso intervir para realizar uma transformação de forma a deixar de ser percebido como um pai não afetivo que só olha para os resultados?
- Como devo modificar a minha maneira de interpretar, de me colocar, inclusive minha postura interna, para que esta transformação comece a se "operar"?
- De onde vem a percepção que o paciente tem de mim?

Vem da "história" do paciente e pode implicar um meu "assumir o papel", vem das suas identificações projetivas, vem de um *enactment*; de qualquer forma, vem de uma minha maneira de ser ou de me colocar com ele. Isto posto, optarei por uma interpretação que na aparência será "reconstrutiva", "sobre a fantasia inconsciente", "sobre a relação" ou simplesmente "enzimática", colocando o máximo de atenção na "resposta" do paciente à minha intervenção.

Suponhamos que eu diga: "Ter ao lado um pai assim certamente não é algo que faz amar o 'estudo',[1] aliás, coloca em um estado de constante preocupação". É óbvio que eu estou "colocando na mesa" uma interpretação de transferência: "Se eu estou do seu lado desta forma, certamente não torno fácil o seu trabalho nesse consultório".

O paciente poderia responder: "Ontem fui ver uma exposição de fotografias, mas achei que todas as fotografias eram pouco nítidas"; e eu só poderia pensar que à minha interpretação faltou "incisividade" e, portanto, deveria preocupar-me com uma maior "nitidez".

Se, ao contrário, o paciente me dissesse: "Ontem estive na casa da minha tia, onde se come bem, mas sempre se come muito, e é necessário um dia inteiro para digerir". Neste caso, eu deveria deduzir que aquela formulação, do meu ponto de vista suficientemente leve e insaturada, para o paciente era ainda "pesada demais".

Como alternativa eu teria podido, por exemplo, considerar útil – em um momento diferente da análise – uma explicitação "forte" de transferência, do tipo: "Você sente que sou pouco afetivo, mais interessado nos progressos de sua análise do que em você mesmo, e que não lhe dou sossego enquanto não realiza estes progressos".

Aqui também o paciente poderia responder com uma infinidade de formas possíveis, desde "porém, era bom quando eu sentia que meu pai me compreendia" até "vi na televisão uma reportagem sobre como é feito o *foie-gras*, enfiam comida sem parar com um funil nos pobres dos gansos até que seus fígados ficam deste tamanho". Quero dizer que estas sinalizações, se acolhidas, permitem progressivos

1 Jogo de palavras, pois em italiano "*studio*" significa tanto "estudo" como "consultório". [N.T.]

ajustes; se não acolhidas, nos poderiam levar à mesma situação do coronel Baxter (Figura 6.1), que, na rota para Londres e Paris, parece não ter captado alguns sinais de 'fora de rota'.

Naturalmente, por parte do analista, centenas de intervenções diferentes seriam possíveis já na primeira formulação do paciente, desde "podemos agora compreender uma das raízes da sua inibição ao estudo" até "bem, certamente hoje prefere estudar com Maria, que nunca o apressa e respeita seus tempos". Portanto, são infinitos os percursos possíveis e infinitos os "mundos" que se podem abrir, para não falar das vicissitudes que o *après coup* implica (Birksted-Breen, 2003/2005).

Figura 6.1

Porém, em qualquer escolha interpretativa, está subentendido um modelo de fator de cura, "tirar o véu do recalcamento", "captar ponto de emergência da angústia", descrever "os fantasmas originários" e, no meu caso, desenvolver a capacidade de pensar do paciente, no sentido de desenvolver aquele aparelho mental que serve para produzir processos de pensamento e de formação de emoções a partir de estímulos sensoriais de todo tipo. Preciso, mais uma vez, usar um dialeto – inspirado em Bion – que me leva a dizer que o fim de uma análise é o desenvolvimento da função α do paciente e, portanto, da capacidade de gerar elementos α, de tecer pensamentos e emoções; o desenvolvimento da oscilação PS $\leftrightarrow$ D e, portanto, da originalidade criativa e do luto; o desenvolvimento CN $\leftrightarrow$ FS e, portanto, da espera de que um significado se realize, e da renúncia a todos os sentidos possíveis em favor de um escolhido.

Se percorrêssemos novamente os exemplos acima, poderíamos dizer que a primeira formulação do paciente ("Quando eu era pequeno, meu pai nunca me segurava pela mão, pretendia somente que eu fosse bem na escola e, se isso não acontecia, eram aulas particulares até não acabar mais e, às vezes, até me batia") poderia ser pensada como um dos *derivados narrativos* (Ferro, 2001, 2002b), entre tantos possíveis, de uma sequência de elementos α que poderia ser pictografada desta forma:

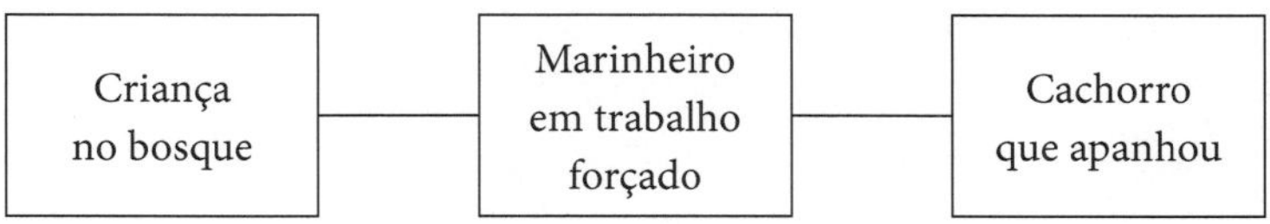

É importante considerar que a formação de pictogramas emocionais é contínua (e forma o pensamento onírico de vigília) e que os "derivados narrativos" podem ser muito diferentes, com a condição de que sejam compatíveis com a sequência de elementos α. Por exemplo, o mesmo "clima" emocional poderia ser expresso por um paciente que tivesse começado a sessão dizendo "ontem vi na televisão aquele filme em que havia um terrível capitão de um navio que tratava muito mal todos os marinheiros, submetendo-os a contínuas punições", ou então "fazer amor com Martina é extenuante porque não há nenhuma circulação de afetos, ela está toda voltada para alcançar seu prazer e não lhe interessa mais nada". Daí derivam duas reflexões importantes, do meu ponto de vista: que "as associações livres" são, na realidade, "associações obrigadas", no sentido de que derivam, instante após instante, dos fotogramas visuais (ou pictogramas emocionais) que a função α gera continuamente, dando vida ao "pensamento onírico de vigília", ao passo que são realmente completamente livres no que se refere "ao gênero narrativo escolhido", que pode ir "pescar" em uma infinidade de gêneros expressivos (filme, lembranças de infância, histórias, diário íntimo etc.). Portanto, os "gêneros literários" são infinitos, é obrigatória a coerência entre cada um deles e a sequência de elementos α do pensamento onírico de vigília à qual permitem dar expressão.

Também o sonho narrado na sessão pode ser – quase paradoxalmente – considerado como um "derivado narrativo" (uma associação livre obrigada) em relação ao momento no qual o sonho é narrado: isto é, como algo que dá expressão ao pensamento onírico de vigília que se formou naquele momento.

O analista faz uma interpretação refinada e complexa a um paciente e este, em resposta, diz que lembrou de um sonho: estava na escola e a professora colocava na lousa fórmulas usando louças de murra. Ele não entendia, então queria quebrá-las, cheio de raiva. Este sonho é o que permite dar expressão às emoções do paciente no momento em que o relata, isto é, é escolhido como derivado narrativo da sua sequência α. O mesmo valor teria uma comunicação do tipo, "ontem ouvi uma televisão árabe sem entender uma palavra", ou então, "lembro que quando era pequeno não conseguia nunca entender as explicações do professor e ficava bravo".

Merece uma reflexão ulterior a profunda diferença entre o sonho que é narrado espontaneamente e o que é narrado a pedido do analista (prática esta certamente não correta, mas frequente: o analista que, em um momento de calmaria, de silêncio, pergunta "teve sonhos hoje?"). No primeiro caso, o sonho tem um duplo, ou triplo valor, isto é, o valor de testemunhar uma disponibilidade para um nível de comunicação mais profundo, o valor da elaboração que foi realizada no sono, o valor de ser também um derivado narrativo do pensamento onírico de vigília naquele momento e, portanto, permitir uma "sondagem" em tomada direta do campo emocional atual.

Num certo momento de uma sessão (a última da semana), Rossella, uma brilhante estudante de medicina de nacionalidade suíça, conta ter recebido à noite um estranho telefonema, de alguém que dizia ser um antigo namorado, que lhe pedia também o número que ela calçava; depois conta um sonho: havia alguém do lado de fora, para quem seu cachorro não latia, aliás, continuava dormindo; este alguém desmontava a maçaneta de uma porta-janela, penetrando assim em casa, e ela se encontrava com este "desconhecido na cama" e tinha muito medo. O sonho chega no momento em que Rossella havia começado a análise, mas "face a face", não aceitando deitar-se no divã, "porque precisava olhar e permanecer vigilante" (de pouco valeram as interpretações em relação a isso), mas próximo ao fim da semana encontra-se confusa pelo novo clima emocional que vive: telefonemas inesperados, um interesse que teme que seja mórbido (ou é o príncipe encantado?), não está mais tão vigilante (o cachorro dorme), alguém desmonta suas defesas e encontra-se em uma proximidade não prevista que a assusta, e com a ideia do divã que se aproxima. Isto descreve tanto a elaboração do "tema" quanto a atualidade do clima relacional: o sonho é também um derivado narrativo do pensamento onírico de vigília.

Na segunda-feira seguinte, ao contrário, é muito difícil conversar, longos silêncios, tentativas de minha parte de interpretar a longa separação, mas a frio, sem que Rossella dê ganchos; ao contrário, ostentando somente modalidades de oposição.

Neste ponto lhe pergunto, para reabrir um diálogo, se sonhou – é como dizer: "Você quer retornar ou não a comunicação comigo?".

Rossella responde que sim e conta: se separa do novo namorado italiano depois de um tempo transcorrido juntos, entra em casa e o pai está olhando a televisão; depois sai, com intenção – talvez – de um gesto autolesivo, volta para casa porque esqueceu algo, mas naquele momento volta a mãe, que vai para a cozinha com as compras e é afetiva com ela. Acrescenta que o sonho não lhe sugere nada. Eu poderia interpretá-lo pelo menos em relação a alguns significados que me parecem evidentes (a separação, o desespero sentido, o reencontro), mas me parece intrusivo e decodificatório, seria uma operação "fria", feita sobre o relato do sonho e não sobre um sonho espontâneo e quente.

Aguardo, até que Rossella, após ter olhado em volta, pergunta: "Foi você que pintou esta sala? Está cheia de borrões, como se quem pintou estivesse com pressa" (eis agora a associação "quente" no sonho, associação que é, por sua vez, um derivado narrativo do pensamento onírico de vigília).

Pergunto-lhe se lhe pareci pouco profissional e atrapalhado, e especialmente impaciente, ao lhe perguntar "eu" se havia sonhado.

Responde que sim e acrescenta que lembrou, agora, de um outro sonho: encontrava uma pessoa, que tinha um gato, à qual contava da sua gatinha e das dificuldades que tinha tido ao decidir cuidar dela: a gatinha tinha sido abandonada, maltratada e, portanto, não confiava mais em ninguém, era impossível se aproximar dela. Teve que batalhar por muito tempo para conseguir trazê-la para casa e fazer com que aos poucos passasse a confiar.

Eu digo que me lembra a situação do filme *Dança com lobos* e do tempo e atenção que o soldado da história precisara usar para conseguir que o lobo que aparecera próximo da sua casa pudesse confiar, até a cena comovente em que come o alimento que ele oferece, finalmente sem mais medo e desconfiança.

Rossella prossegue dizendo: "E não é necessário que nos digam quem é a gatinha abandonada, maltratada e que aos poucos está aprendendo a confiar". Poucas sessões depois, Rossella aceita deitar no divã.

Enquanto o primeiro sonho "extraído" remete, sim, ao trabalho onírico, e abre em direção à retomada da comunicação, o segundo, "espontâneo", já testemunha também os novos elementos α do pensamento onírico de vigília que vão se formando e cuja produção continua nos derivados que são a minha "associação-interpretação" e a resposta da paciente.

Uma outra reflexão sobre o que acontece no campo analítico deriva das assim chamadas "comunicações de realidade". Esta é uma *vexata quaestio* em psicanálise, que se coloca entre a Cila de reconhecer um valor para as comunicações de realidade (mas quem decide quais são?) e a Caríbdis de negar sua existência e reconduzi-las, de qualquer forma, interpretando-as, à realidade interna à análise.

Uma paciente – em um período da análise que me pareceu fértil – me comunica que ficou muito alarmada na ecografia de controle da gravidez, pois parecia haver sinais de uma malformação do feto. Sinais dos quais será possível ter certeza só com uma amniocentese.

Naturalmente me sinto e estou próximo da paciente neste doloroso momento, comentando, sublinhando, compartilhando as emoções de incerteza, de dor, de raiva e, após o aborto espontâneo que acontece alguns dias depois (antes do aborto terapêutico previsto), o luto e o sentimento de perda e de desânimo.

Saídos da emergência, eu me digo, nas minhas costumeiras reflexões fora da sessão, que desta vez tínhamos incontestavelmente nos ocupado de um dado, de um fato de inquestionável realidade, e que a análise consistira em modular, em tornar pensáveis e toleráveis as emoções associadas a esta perda e a outras situações dramáticas com as quais inevitavelmente se associava. Mas não estou satisfeito com este ponto de vista, sinto-me como alguém que não digeriu algo.

Frequentemente, vejo-me repensando neste "fato" e repenso o período de análise com Lucilla: um período fértil, intenso; depois me percebo pensando – quase sem querer – detalhadamente nas sessões, pareço encontrar um conjunto de sinais que eu tinha, sim, interpretado, mas pelos quais eu não tinha me deixado "guiar" na dosagem do meu *timing* e da minha atividade interpretativa. Eu havia, sim, aproximado a cisão entre "a pele escura da paciente" e "a pele extremamente delicada da irmã"; havia, sim, interpretado uma série de atividades excitantes como antídotos a uma temida depressão; havia, sim, interpretado uma homossexualidade latente como uma defesa de angústias de tipo persecutório. Mas aos poucos me dou conta de que eu havia feito tudo sozinho: de forma sensata e ativa, mas sem um compartilhar ou uma coconstrução. Surgem então em minha mente fragmentos de comunicação das sessões anteriores: um problema no computador; a necessidade de desfragmentar o disco rígido; a alergia do filho depois de uma refeição muito abundante; a visita de um amigo que falava sempre sobre coisas difíceis e obrigava o filho de pouca idade a escutar poesias herméticas.

Neste ponto "realizo", juntando esses fragmentos de comunicação provenientes de várias sessões, que minha atividade interpretativa tinha sido excessiva, indigesta, intrusiva. Assim, um "fato", um narrema proveniente da experiência de fora da sessão serviu muito bem para descrever algo que foi concebido de tal maneira que só pode ser perdido, que não tem possibilidade de um desenvolvimento sadio.

Quero dizer que se haviam gerado na paciente sequências de elementos α que encontravam no relato do computador, do jantar, da ecografia os derivados narrativos que podiam colocar-me em contato com a realidade psíquica da paciente. Os elementos α, em sequência, poderiam – por exemplo – ter sido:

Mesa com muita comida	Criança empanturrada	Cólica abdominal

Estas sequências (habitualmente impossíveis de serem conhecidas no estado de vigília) deram origem aos derivados narrativos dos quais falamos: assim como poderiam ter sido encontrados outros ganchos narrativos (lúdicos ou gráficos, no caso de uma análise infantil) que teriam podido me colocar, da mesma forma, em contato com o que a mente da paciente ia pictografando no contínuo processo de alfabetização. Quero dizer: não que a minha atividade interpretativa causou o aborto, mas que a paciente encontrou uma forma eficaz para "me contar" o que acontecia no nosso campo. Se não tivesse havido a interrupção da gravidez, teria podido contar-me a mesma coisa com outras narrações adequadas para significar a sequência de elementos α. Por exemplo: o relato de um filme visto na televisão sobre o naufrágio de um navio e a impossibilidade de recuperá-lo; ou então, a lembrança infantil de um amigo do pai que havia quebrado um brinquedo do qual ela gostava muito e da dor que resultara. Isto é, "o dado de realidade" torna-se também um derivado narrativo como infinitos outros possíveis.

Isto me leva a considerar ainda plenamente válido o que, com Bezoari (Bezoari & Ferro, 1992), várias vezes afirmamos em relação a considerar o que acontece dentro da situação analítica como "virtual", algo que se situa entre a realidade externa e a realidade interna, em uma espécie de "terra de ninguém", sempre que analista, paciente e *setting* estejam vivos e vitais. Um colapso do *setting* impossibilitaria a própria existência desse espaço virtual, assimilável ao conceito de espaço transicional, ou campo analítico. Quando as razões da realidade externa prevalecem, não há mais análise, e se Bin Laden não é mais aquele que um paciente, aterrorizado, temia que pudesse sair de debaixo de sua cama, mas torna-se o Bin Laden do mundo externo, então não há mais análise e somente um "salve-se quem puder!".

Mas como seria ingênuo, do meu ponto de vista, pensar em poder discriminar – com um *setting* funcionante – comunicações de realidade das comunicações fantasmáticas. Assim, seria cruel e desumano pensar em ter que interpretar na transferência, sempre e de qualquer forma, aquelas comunicações aparentemente de realidade que "nadam" na virtualidade do campo analítico. Como no caso da perda da "criança", é algo que podemos apreender para o futuro, sem necessidade alguma de que seja interpretado à paciente, a quem qualquer interpretação "psicanalítica" poderia parecer uma falta de compreensão e uma banalização de seu drama "real". Drama que – a partir de um vértice diferente – é também a "comunicação" que nos permite dar uma "nova *gestalt*" mais eficaz ao campo analítico, de forma que "as crianças" possam nascer, como funções das mentes de ambos, e não como "colonizações" que precisam ser expulsas.

Neste ponto, se uma paciente conta que seu filho não deve ser muito estimulado, senão se excita e depois se irrita, do que está falando? Isto depende do vértice de escuta no qual nos colocamos. Mas o vértice que eu acharia mais útil seria o de considerar a fala da paciente como uma sugestão de "técnica" que me informa como devo me colocar na minha maneira de interpretar: de forma gradual e contida, porque, de outra forma, corro o risco de me tornar fator de indigestão e de irritação. Naturalmente, não haveria motivo para não a seguir, com comentários, com interpretações não saturadas sobre seu texto manifesto, mas seria "específico do estatuto psicanalítico do encontro" a escuta da comunicação como "derivado narrativo" do sonho do campo naquele instante.

Portanto, no meu dialeto, considero as associações livres do paciente como derivados narrativos de seu pensamento onírico de vigília, com diferentes gradientes de distorção e de camuflagem de tal pensamento. O mesmo vale para as associações livres e *rêverie* do analista na sessão. O sintonizar-se sobre elas nos permite poder "subir novamente" o rio até a nascente constituída pela sequência de elementos α continuamente formada pela função α do paciente (e do analista) e, se quiséssemos complicar as coisas, pela função α do campo.

A cadeira de rodas de Stefano

Com Stefano, um jovem magistrado, um pequeno atraso meu dá lugar a uma sessão muito intensa, na qual Stefano "descobre" os afetos de profunda ternura e preocupação que, quando era pequeno, tinha pelo pai: os mesmos que sentiu no breve, mas significativo, intervalo entre seu tocar a campainha e meu abrir a porta. A sessão termina falando da capacidade de Stefano de se vincular muito às pessoas, também em pouco tempo, como está acontecendo comigo. Uma última imagem é sobre a utilidade de um elevador no prédio onde está meu consultório e quanto pelo menos um elevador seria útil se, por acaso, "alguém tivesse uma perna quebrada ou a necessidade de uma cadeira de rodas".

Mesmo o clima sendo caloroso, e com Stefano que se emociona ao descobrir os sentimentos de afeto que sente em relação a mim, a imagem que se forma em minha mente em relação à sua fala da cadeira de rodas é a de Anthony Perkins no filme *Psicose* (*Psycho*). Naturalmente, só posso guardar comigo essa imagem, porque não há nenhum gancho narrativo, a não ser o fato de que havíamos falado, algumas sessões antes, de uma resenha sobre Hitchcock.

Antes da sessão do dia seguinte, pergunto-me o que fazer com Stefano quanto aos meus honorários em relação à mudança "lira"/"euro".

Na sessão seguinte, Stefano começa dizendo que dormiu muito pouco porque, estando de plantão (apesar de isso, normalmente, não ser tarefa sua), ficou acordado até às quatro. Foi chamado pela polícia por causa de um jovem que tinha, justamente naquele dia, matado uma prostituta, e que um outro magistrado permitira que voltasse para casa, não havendo nem o perigo da fuga nem o da contaminação das provas: era uma pessoa normal, casada havia dois anos, com uma criança, que tinha agido em um estado de "euforia patológica". Stefano se delonga muito no relato dessa pessoa, que depois decidiu mandar prender na sala de segurança, temendo que, mais do que machucar os outros, pudesse se machucar por culpa, talvez até envolvendo os familiares. Para mim, é imediato o gancho com a minha fantasia no dia anterior da cadeira de rodas de Anthony Perkins.

Stefano, enquanto isso, acrescenta que "quando criança quebrara o braço da professora" e que uma "análise aprofundada" daquela pessoa lhe parecia inevitável.

Não sei como avançar, certamente não posso lhe dizer: "Você está falando de uma parte sua que ...". Então, decido tomar um caminho mais amplo, dizendo: estou me lembrando do livro de Georges Perec, *A vida: modo de usar*, em que há um condomínio onde moram muitas pessoas diferentes e, no fundo, em dois dias podemos ver desde o mundo dos afetos mais ternos e intensos até o mundo de quem perde a cabeça e mata.

Stefano responde dizendo que conhece o livro. Eu continuo dizendo que é verdade o que falávamos tempos atrás, de que a alma humana é como uma harpa com um número "n" de cordas.

"Sim, não como a dos romanos", responde, "que tinha só duas ou três cordas, a propósito, como se chamava?", "Lira", respondo, e continuo: "e entre as cordas podemos encontrar a do afeto e da ternura em relação a mim, como aconteceu ontem, mas também a que soa como dizendo 'puta nojenta, eu te mato por tudo o que você me custa' e na 'cadeira de rodas podemos fazer subir no elevador Anthony Perkins com sua ira'".

"Eu pensava que me conhecia", diz após um breve silêncio, "mas nunca teria pensado essas coisas de mim; porém é bonito (retomando uma nossa metáfora) acrescentar também essas ruas à nossa cidade."

Um dente de cada vez

Martino é um rapaz de 15 anos já no seu décimo ano de análise, uma análise que tinha começado aos 5 anos de idade, em uma situação que oscilava entre uma severa psicose simbiótica e um retiro autístico com o qual desligava qualquer tipo de contato, salvo explodir em crises pantoclásticas.

Martino decide começar a diminuir as sessões de quatro para três, porque não consegue fazer as outras coisas que o interessam, mas está assustado, aterrorizado por esta decisão, e depois de tê-la tomado, tem dois sonhos: no primeiro, são cortadas algumas árvores com raízes muito profundas; no segundo, quer comprar para o aniversário do seu irmãozinho de 2 anos um macacãozinho listrado – "sabe, como aquele dos condenados" –, mas desiste de comprá-lo porque custa muito (o mesmo preço da sessão a que renunciou).

Os sonhos permitem que percebamos o quanto extirpar a sessão da terça-feira lhe custa dor, muita dor; são raízes profundas as de dez anos de análise, mas também o quanto renunciar a uma sessão seja libertador em relação a ter que vestir o macacão de "condenado" aos trabalhos forçados na análise.

Na sessão seguinte, conta que gostaria de ir estudar em um *college*, "mas custa muito", não sabe se "terá condições"; depois conta algo que viu: havia cachorros que, para fortalecer a mordida, tinham que morder uma madeira e depois esta madeira era puxada cada vez mais, passando a corda sobre um galho de árvore até suspender o cachorro, que se segurava com a boca, no ar. Conta também que no dia anterior (a terça-feira sem sessão), os pais não estavam, haviam saído e ele tinha ficado cuidando do irmãozinho do qual gosta, mas este o exasperou pretendendo que ele não se afastasse da sua caminha, até que perdeu a cabeça e bateu nele, ficando assustado com este fato. Por fim, tem um sonho: tinha que atravessar um longo corredor escuro, preto, no qual também poderia ter aranhas, mas depois conseguia.

Comentamos todas essas coisas como o desenvolvimento do que já havíamos começado a nos dizer: queria uma independência, mas a ideia dessa independência lhe custa muito; a "mordida" em relação à análise, a sua ligação, são muito fortes; no intervalo, teve dificuldade em acalmar a criança que lhe foi confiada e que queria companhia e no sonho é descrito o difícil e perigoso caminho no corredor entre segunda e quarta.

Neste ponto, cria uma imagem, a de certos filmes de faroeste em que aparece a extração de dentes com uma tenaz; sorri, mas acrescenta que nunca teria imaginado que a experiência da nossa separação pudesse ser tão dolorosa.

7. A resposta do paciente à interpretação e acontecimentos do campo

A escuta do paciente

Uma jovem e bem-dotada analista faz uma interpretação complexa para uma paciente.

Esta "responde" à interpretação dizendo que na noite anterior tinha pensado em ir a uma pizzaria com uns amigos, mas eles haviam insistido para ir a um restaurante de luxo, onde além de tudo traziam porções que a assustavam; depois tinha ficado desorientada no momento de pagar a conta.

Na mesma sessão, em um outro momento, a analista antes resume o que a paciente havia dito, depois recolhe a emoção predominante na comunicação e por último a propõe na transferência.

A paciente "responde" contando de um tio que havia se comovido até às lagrimas ao se reencontrar em casa, após um longo período de ausência.

Em outro momento da sessão, a paciente diz que sente que existe para o namorado somente quando ele "a vê e lhe telefona".

Estes breves trechos de sessão servem bem para sublinhar o fato de que é somente o paciente – se ouvido – quem nos diz continuamente como devemos lhe falar para alcançá-lo.

No primeiro caso, o que a paciente diz após a interpretação da analista, e que não por acaso chamei de "resposta", mostra como a espera de uma comida simples compartilhada com amigos (a pizza) tinha sido frustrada e como sentiu a interpretação "excessiva" e muito complexa, ficando constrangida. A interpretação não foi, neste caso, um fator de crescimento ou de transformação.

No segundo caso, ao contrário, a "resposta" à interpretação exprime o reencontrar-se em casa, ser compreendido, ouvido.

O terceiro exemplo nos diz o que deve, por enquanto, "passar" por meio da interpretação: o ser visto e o ser alcançado.

Com isso quero sublinhar que todo paciente nos diz, continuamente, como devemos ser, como devemos nos colocar para alcançá-lo: um dos vértices de escuta do que o paciente nos diz após a interpretação deve ser considerado como o comentário à própria interpretação, comentário que, no meu ponto de vista, não necessariamente deve ser interpretado (desta forma, haveria o risco de uma relação que se enrola sobre si mesma), mas deve ser utilizado na "cozinha" analítica para possibilitar todos os ajustes necessários. Por exemplo, com a paciente acima mencionada, ainda é necessário um primeiro nível "concreto" para mostrar que ela está sendo vista; depois um segundo nível, para mostrar que estamos focalizando a emoção predominante; e finalmente, a possibilidade de contextualizá-la no aqui e agora.

Já exprimi outras vezes como considero esta conceitualização do ponto de vista teórico: está implicada a função α do paciente, a capacidade da função α de formar continuamente "um sonho da vigília", e depois os "derivados narrativos" desta atividade onírica de vigília permitem boas chances de aproximação da verdade emocional do paciente naquele momento.

Ao mesmo tempo, não há comunicação do paciente, a respeito de sua história, de sua infância, de sua sexualidade, de acontecimentos da vida externa, que de um certo ponto de vista não possa ser "ouvida" como uma explicitação de seu sonho de vigília naquele momento. Sonho de vigília que, naturalmente, se origina na história, no mundo interno, mas não podemos esquecer que uma grande fonte de estímulos é também nossa presença e nossa maneira de nos colocarmos ou de não nos colocarmos: isto é, não há nada que o analista faça ou não faça que não codetermine a sessão.

Esta atenção ao funcionamento mental do paciente não tem sempre a mesma importância: há pacientes com estrutura psíquica suficientemente íntegra com os quais é possível trabalhar sobre conteúdos; com outros, ao contrário, é necessário nos ocuparmos primeiro de reparar suas capacidades de pensar. Por exemplo, há pacientes com os quais, desde o início, é possível tocar uma sinfonia – ainda que seja a quatro mãos –, outros com os quais é necessário antes consertar o piano: é com estes últimos que se torna necessariamente importante favorecer o próprio desenvolvimento da mente, da capacidade de pensar, antes de chegar aos conteúdos. A linguagem de Bion nos permite dizer isto de forma muito simples: há pacientes com os quais, desde o início, podemos trabalhar sobre "fatos não digeridos", há pacientes com os quais é necessário favorecer o desenvolvimento de ♀, às vezes até da própria função α. E, enquanto a primeira operação passa também pelas interpretações de conteúdo, a segunda passa sobretudo por repetidas experiências de "estar em uníssono", e a terceira, por vivenciar aquelas operações de identificação projetiva/*rêverie* que falharam a seu tempo: isso é, absorver a angústia, transformá-la, colocá-la em imagens ou comunicação assimilável (Fonagy *et al.*, 1995).

As trutas de Antonello

Com Antonello, jovem farmacêutico no início da análise, decido não interpretar explicitamente na transferência o que ele traz sobre experiências de separação quando era pequeno: "A mãe que o obrigara a deixar o porquinho-da-índia do qual ele gostava muito", ou "um vizinho que tinha separado dois cachorros que estavam acasalando, chegando a machucar a cadelinha, que teve uma hemorragia gravíssima que a deixou cega e depois a matou".

Eu me limito a sublinhar a "crueldade" destas pessoas e a desolação que ele deve ter sentido. A sessão prossegue de forma intensa, com uma série de "lembranças de infância" que descrevem emoções e sentimentos em relação à mãe. Eu o acompanho com uma função pouco mais que "enzimática".

Na sessão seguinte, traz um sonho no qual há um clima muito tranquilo, vai com o primo até um riacho cheio de trutas onde podem pescar tranquilamente com a redinha, muitos peixes, algum escapa, mas outros são capturados. Antonello, portanto, descreve uma "pesca frutífera" em que certamente alguns significados escapam, mas outros são gerados e "capturados". Estamos, então, em um campo emocional que se expande.

Ele prossegue a sessão contando do tio muito afetivo, com o qual, porém, quando eram pequenos, eles "aprontavam" muito: por exemplo, fingiam voltar no horário estabelecido pelo tio, para depois sair novamente e voltar de madrugada, quando o tio dormia (recentemente, eu havia aceito uma mudança de sessão da tarde da quarta-feira para a manhã da quinta-feira), e depois fala da sogra que não é disponível, à qual frequentemente tem que prover e que não se dispõe, durante o verão, a colocar comida nas quatro pequenas tigelas para os gatinhos que Antonello é obrigado a deixar em casa.

Desta vez me parece mais útil "interpretar" de forma exaustiva (talvez por falta de confiança na pesca com a redinha e querendo pescar com o arpão, ou talvez pelo surgimento de um Superego interpretativo) e faço as interpretações óbvias sobre o medo de aprontar com o "tio" com a mudança de sessões, e sobre a raiva em relação a mim que não estou disponível para lhe dar as quatro sessões durante as semanas das férias de verão.

Depois de um momento de silêncio, o paciente diz: "É sempre frustrante estar com minha mulher. Outro dia eu lhe disse 'eis os documentos de que você precisava'; ela tirou alguma coisa da bolsa dizendo 'tenho uma coisa para você'. Achei que pudesse ser um agrado, mas, ao contrário, eram outros gastos que pedia para eu fazer, multas para pagar: eu tinha que pagar as multas que ela tinha recebido por excesso de velocidade. Na verdade, quando ela dirige é um perigo".

Portanto, a interpretação decodificadora não foi sentida como um "agrado" e como uma surpresa ou um enriquecimento, como quando os significados (-peixes) nadavam até serem capturados sem medo de perder algum, mas tornou-se mais um gasto a ser enfrentado.

Naturalmente, nunca é possível saber "*a priori*" qual será, "naquele dia", "a maneira certa", mas as respostas do paciente podem nos guiar para procurá-la e construí-la dia após dia.

Os talibãs de Guido

Algo parecido acontece com Guido, um paciente com o qual estou enfrentando, de maneira cada vez mais explícita, o tema de seu narcisismo, até falar de uma espécie de *descalation* das imagens de si mesmo e do alargamento-humanização do calcanhar de aquiles que o torna mais vulnerável, como está acontecendo com um conjunto de emoções novas que está vivendo.

Na sessão seguinte, fala do medo da esposa de uma guerra, não a ponto de comprar os antibióticos ou as máscaras antigas, mas falta pouco. Depois fala dos integralistas religiosos.

Isto é, me dá a possibilidade de ver que efeito fizeram as minhas interpretações do dia anterior; desta vez decido interpretar a resposta à interpretação porque penso que isso possa aliviá-lo da angústia, e assim acontece: ao meu "até amanhã", responde, rindo, "caso eu venha, vistos os riscos que corro aqui".

A interpretação que "transforma". Espinhos e picadinhos

Carla, pesquisadora universitária de física das partículas, é uma paciente que tem dificuldade para exprimir suas emoções, e tem mais facilidade em trazê-las por meio dos sonhos.

Na segunda-feira – após quatro dias de interrupção da análise por causa de um feriado –, relata um sonho no qual ia ao cabeleireiro, mas não encontrava mais a profissional que geralmente cuidava de seus cabelos, e depois encontrava um sujeito que acreditava não conhecer, mas que a lembrava de que tinham sido amigos quando adolescentes e iam juntos procurar alguma coisa na cantina.

Não acrescenta nada mais e não tenho dificuldade em lhe propor que o nosso longo intervalo havia suscitado o medo de me perder, de perder o contato com quem se ocupava dela habitualmente, mesmo que depois surgisse o pensamento de um reencontro com alguém que conhecera muito tempo atrás e com quem buscava coisas escondidas ou esquecidas.

Após um minuto de silêncio, relata ter feito uma excursão com o marido e os quatro filhos a um lugar onde havia castanhas muito bonitas, mas as crianças se picavam com os espinhos. O marido queria ir embora, mas ela havia proposto deixar as quatro crianças um pouco no carro, e recolher as belas castanhas.

Eu digo que deve haver um assunto que lhe interessa, mesmo que pique, mesmo que seja espinhoso, e que de um certo ponto de vista gostaria de enfrentá-lo, e, de outro, afastar-se: é talvez o de reconhecer, por meio do sonho, a importância da nossa ligação?

Responde relatando que um dos seus filhos fez birra porque não queria de jeito nenhum comer o picadinho com polenta, mas, depois que ela o deixara livre para decidir, ele havia comido com gosto.

Parece-me evidente, nesta breve vinheta clínica, que a interpretação se torna um elemento não persecutório de "transformação", em que o que é parte do sonho pode tornar-se passo a passo menos espinhoso e, depois, até gostoso, como o picadinho.

Uma doença chamada "interpretação de transferência coacta"

"Mas isto não é análise" é uma frase que se ouve muito frequentemente nos corredores dos centros de psicanálise ou dos congressos no mundo todo. Recentemente, David Tuckett, durante sua presidência da Federação Europeia de Psicanálise, propôs que se renunciasse a afirmações "assertivas" deste tipo para proceder com cada vez mais confrontos clínicos entre colegas com diferentes modelos. Mas foi necessário um longo caminho, muito sofrimento e muitas excomunhões antes que pudéssemos chegar à ideia de confrontos partidários entre quem tem atrás de si "teorias" muito diferentes. Eu creio que uma teoria suficientemente unificadora poderia ser aquela baseada na escuta do paciente e na escuta das "respostas" do paciente às interpretações (Ferruta, 1998).

Uma das discriminações mais fortes, nas áreas influenciadas pela psicanálise inglesa kleiniana, foi a de considerar como fundante da "psicanalicidade" da intervenção a "interpretação de transferência". Esta não foi considerada como um dos instrumentos do qual dispõe o psicanalista, mas como "o instrumento por excelência", na ausência do qual estávamos, na melhor das hipóteses, no reino da "psicoterapia" ou do "apoio". A interpretação saturada de transferência e de conteúdo foi, por um longo tempo, o marco da análise para muitos analistas, mais em certas áreas geográficas do que em outras, para dizer a verdade (a psicanálise francesa ficou quase imune a esta afirmação). Naturalmente, por trás dessa opção técnica há uma teoria forte e uma teoria da técnica igualmente forte: deve ser continuamente sinalizado ao paciente o ponto de emergência da angústia no aqui e agora; há a ideia de que "conhecer" as próprias fantasias inconscientes e desvelá-las seja, por si só, terapêutico.

Ainda não está presente o que derivou das ideias de Bion em relação à centralidade da "transformação" como sinalizador do processo psicanalítico em ato. A transformação, seja ela microtransformação no interior da sessão, ou transformação em médio prazo, ou macrotransformação nos anos, resulta de diferentes tipos de operações mentais. Entres elas eu colocaria:

- *A escuta e o compartilhar do significado manifesto do que o paciente nos diz.* O que o paciente nos diz deve entrar em nós, encharcar-nos, ser "transitado" por nós com ele. E isto se torna o primeiro degrau do acolhimento: "Entendi que você, analista, entendeu o que eu estou dizendo". Se um paciente contasse que, quando criança, terminado o almoço, sempre comia uma fatia de pão com Nutella, e refletisse que isso era, de seu ponto de vista, uma sinalização aos pais de sua necessidade de receber deles algo mais, eu me transferiria com ele na cena e no tempo que ele propõe para dar "valor" à sua comunicação, à sua história, às suas lembranças, aos sentidos que ele mesmo começa a produzir.
- *A abstração e a descrição das emoções predominantes.* Depois, eu daria um segundo passo, sempre no mesmo cenário aberto pelo paciente, tentando abstrair com "movimento, calor e

globalmente" as emoções de "então" (o sentimento de pena, de valer pouco para os pais), ligando-as com as emoções de agora em relação às de então. Por exemplo, a tristeza que sente, ou a raiva ao "visitar" aquela cena.

- *Eventual contextualização na transferência.* Somente neste ponto poderia colocar a mim a questão sobre se pode ser útil fazer a interpretação de transferência, do tipo, "bem, isto que você me contou nos permite entender por que, terminada a sessão, há sempre aqueles dois ou três minutos a mais para terminar sua fala" e, eventualmente, "se estes minutos a mais (-fatia de pão) nos assinalam a sua necessidade de...". Portanto, creio que o paciente deve se sentir acompanhado em seus processos de pensamento, e que isso acontece mostrando as "etapas". Considero simplesmente monstruosas aquelas interpretações que se seguem a uma comunicação do paciente, revirando-a para outro plano: "Você me diz que...".

Conarrações e copensamento

Uma paciente, titular de um escritório de advocacia, conta, no início de uma sessão, que está grávida, que está contente pelo fato, mas que não tem certeza de ter feito a escolha certa "do pai da criança", seu colega no escritório. Acrescenta depois que seus irmãos certamente desaprovariam este fato e assim os outros familiares.

Esta paciente já fez duas tentativas anteriores de análise, e são muitos os problemas que lhe causam sofrimento.

Eu a sigo em seu "texto" dizendo que, de qualquer forma, parece contente pelo "projeto", mas menos segura do "companheiro", e que, ao mesmo tempo, teme muito aquelas vozes de desaprovação de seu projeto.

Ela me diz: "Bem, sim, mas por que você não interpreta o que eu disse?". Eu lhe respondo com sinceridade: "Porque não creio que sejam úteis os meus pensamentos sobre você no lugar dos que conseguimos construir juntos; os primeiros são hipóteses, os segundos para nós são coisas verdadeiras".

"Bem, mas interprete da mesma forma!"

"Creio que tem medo que eu não saiba fazê-lo; uma interpretação psicanalítica poderia ser que está contente em fazer análise, mas ainda não sabe se foi acertado me escolher como seu analista."

"Esta noite tive um sonho", prossegue a paciente, "recebia do meu professor de Direito Civil um cheque de 5 milhões e eu o depositava no banco, mas eu não conseguia depositar um de 2.970.000."

"O que significa?", pergunta. Eu lhe digo: "Não sei, há uma operação que pode fazer, e uma que não consegue fazer, mas eu não sei qual".

"Bem, eu mesma pensei", acrescenta, "o dia 29/7 é quando eu saio de férias e eu ainda não havia conseguido lhe dizer que sinto muito não o ver durante todo o período de férias, e estou contente de poder dizê-lo de forma civilizada."

É preciso dizer que as sessões anteriores haviam sido sobre o filho que terminava uma terapia e que o velho analista do filho afirmava que "a criança sofria" pela separação, o que não era sentido nem pela paciente nem pela criança.

O que havia sido fortemente negado quando provinha de uma voz externa-interna-interpretante de forma unívoca tornava-se compartilhável quando "jogado" na sessão, elaborado como uma forma de "copensamento" (Wildlocher, 1996/2004), com a renúncia a um detentor forte (e humilhante) de uma verdade, em favor de um timoneiro, com o qual poderia ler as cartas náuticas, dando a própria contribuição ativa.

Os lugares à mesa de Carlo

Carlo começa a sessão falando do medo e da esperança de poder ter um terceiro filho. Diz que talvez a náusea da esposa poderia também ser o sinal de uma gravidez histérica, de "um desejo negado". Fala das poucas relações sexuais com a mulher neste período. Relata depois uma cena num restaurante onde foram colocados em uma mesa para quatro. Acrescenta que dois filhos já são fonte de cuidados e, às vezes, preocupações.

O analista faz somente comentários tangenciais, sem encontrar uma chave interpretativa. O paciente continua dizendo que à noite, frequentemente, a esposa está pouco disponível porque está cansada e, então, ele transcorre longas horas sozinho no computador, nos sites pornográficos.

Não mencionei o principal: esta sessão acontece em uma semana que teria somente duas sessões, pois havia um feriado no meio da semana e as outras sessões haviam sido desmarcadas.

É evidente que o analista não capta toda a temática relativa ao dois, três, quatro e à tristeza do paciente em relação ao desejo negado da terceira e da quarta sessão, ou talvez de uma recuperação da sessão, e não capta quanto o paciente o senta cansado, pouco disponível e pouco interativo.

Na sessão seguinte, o paciente fala o tempo todo de uma tarefa bastante fácil que os alunos, decepcionando-o, não tiveram condições de fazer, uma tarefa de "análise matemática": é evidente a recriminação feita ao seu analista de não ter sabido captar seu problema relacionado com as sessões que faltariam.

Naturalmente, o analista teria podido funcionar com modelos diferentes, desde o mais clássico do jogo, "associações livres", "atenção flutuante" (que é a genial intuição de Freud em relação à centralidade do funcionamento onírico das mentes), até o mais kleiniano de "saber" que uma mudança de *setting* implica certamente uma ativação de emoções, e o pós-bioniano de se perguntar de que sequência de elementos α poderiam derivar "os derivados narrativos" (os narremas) da sessão.

Para o analista é como se o paciente tivesse utilizado um gênero narrativo muito complexo e desviante. Ao passo que, talvez, tivesse tido menos dificuldade se o paciente dissesse "estive num restaurante, mas, já que estávamos com pressa, nos deram somente o primeiro e o segundo prato e pularam o doce e a fruta" (a terceira e a quarta sessão). E podemos pensar que teria tido ainda menos dificuldade se o paciente tivesse contado de ter visto na televisão um acidente ferroviário em que o terceiro e o quarto vagão de um trem descarrilhavam e eram destruídos.

Naturalmente, é importante compreender que estes "derivados narrativos" remetem de forma mais ou menos explícita à sequência dos elementos α que pictografou as emoções presentes naquele dia, de uma forma que não conhecemos, mas que não seria difícil imaginar como exercício.

Os faróis de Amedeo

Os pais de Amedeo relatam, como primeira coisa, um tumor proliferativo no lábio que com três meses atingiu o seu menino. Este tumor significou longas terapias e agora, com certeza, Amedeo está fora de perigo.

Depois contam que ele não queria ir para a escola, tinha crises violentas de agressividade, às vezes "monstruosas e impossíveis de serem contidas", com berros e gritos lancinantes.

Relatam depois que ele não tolera nenhum "não"; bate a cabeça contra a parede e é necessário atender a todos os seus desejos.

No primeiro encontro, conta que já tem mais de trinta armas, entre pistolas, fuzis, metralhadoras e começa a brincar de forma desorganizada com o leão, o tigre, o rinoceronte, o gorila, em um turbilhão de embates impetuosos.

Depois, forma dois times com personagens, um de polícia e outro – o da terapeuta – de marginalizados, moradores de rua, ladrões. A brincadeira deve prosseguir, absolutamente da forma como ele "impõe", caso contrário são gritos, além de jogar tudo no chão.

Se tentamos refletir sobre este material clínico e o "desconstruímos" em relação ao seu estatuto de realidade, podemos pensar que o "tumor" seja o proliferar de emoções incontroláveis que se exprimem também com berros e gritos (o lábio!). O seu comandar e controlar os adultos, o jogo, é de alguma forma a terapia que conhece em relação ao proliferar de emoções que pode acendê-lo de uma hora para outra. Diante do "não", justamente, leões, gorilas, tigres desembestam, assim como todas as outras emoções que constantemente cinde e tenta manter sob controle com a polícia. As emoções são realmente ladrões que invadem seu território e roubam a paz. Amedeo evita a irrupção das emoções por meio da dominação e da submissão do outro e das partes desconhecidas de si.

Naturalmente a terapeuta, por um certo tempo, aceita o jogo, depois começa a interpretar, até que Amedeo aceita que a terapeuta tenha uma função "semafórica", e, falando aparentemente das construções, lhe diz "me dá os vermelhos", "me dá os verdes", e começa um jogo em que os "bombeiros" tornam-se fundamentais em seu interagir com os "organizadores do trânsito" e, aos poucos, estas funções são cada vez mais delegadas à terapeuta.

Uma criança para Fernanda

Fernanda é uma paciente que por um longo tempo não teve condições de manter relações estáveis, uma vez interrompeu também a análise, retomando-a depois de dois anos.

Volta de uma viagem a Paris com o quase noivo (que tinha deixado antes do verão e depois retomado) e diz que, pela primeira vez, desejou ter, com ele, uma relação estável, sem fugas, desejou casar com ele, montar uma casa e ter uma criança. Ele se mostrou cauteloso, dizendo "bem, vamos ver como serão os próximos meses e depois decidimos"; ela não ficou chateada e entendeu que há tempos que precisam ser respeitados. Depois conta um sonho: estava em um hospital, dava à luz sem dor uma criança, uma criança bonita, não sabia, porém, que nome dar a esta criança.

Depois lembra que, quando era menina, brincava com a espuma durante horas, no banho, e que, algumas vezes, tinha crises de claustrofobia que a obrigavam a sair e correr para o terraço. Uma vez, talvez por causa das mãos escorregadias, não conseguiu abrir a porta do banheiro e, então, se jogou da janela do banheiro, que era, sim, no primeiro andar, mas um primeiro andar alto, tendo sido recolhida e levada ao hospital, onde permaneceu por uma semana. No hospital divertia-se fugindo, e a mãe, quando chegava, tinha de procurá-la.

Nesta sequência, Fernanda parece realmente marcar uma transformação que aconteceu: o desejo de uma ligação estável (eis o nome a ser dado à criança), sentida como algo possível e desejável e não mais como antes (quando era menina), a ligação vivida como algo a ser constantemente embaralhado e pelo qual sentir-se sufocada até a necessidade de fugir, correndo riscos, e depois com a necessidade de ser procurada em uma espécie de jogo perene de pega e larga, de "fujo e me pega".

Então o sonho e as outras comunicações assinalam realmente dois funcionamentos da mente, um novo que foi parido inesperadamente sem dor (fruto de anos de trabalho analítico), que pode ser confrontado com o velho e superado jeito de estar nas relações.

Verdade da autobiografia e mentiras da psicanálise

O título deste parágrafo é deliberadamente provocativo e paradoxal, mas quer significar que a presença do Outro, especialmente do analista, subverte continuamente a lembrança, a transforma, até a possibilidade extrema de dar vida a lembranças de fatos nunca acontecidos.

Ficou impresso em minha mente um exemplo clínico proposto, anos atrás, por Horacio Etchegoyen, que narrava a progressiva reescrita de uma lembrança infantil por parte de um paciente à medida que a análise avançava. Pelo que me lembro, a história era mais ou menos a seguinte: no início da análise, um paciente relatava terríveis experiências de quando era pequeno e a mãe o deixava sozinho, tomado pelo desconforto, pelo pânico, pelo desespero. Depois de um certo tempo de trabalho analítico, a mesma lembrança torna-se o afastamento, sempre traumático, da mãe, mas junto com a lembrança de ficar com uma empregada que, de certa forma, cuidava dele, ainda que estivesse desesperado. Depois de mais trabalho de análise, o paciente fala de ficar sozinho, quando era pequeno, mas sempre em companhia de uma tia afetiva que cuidava dele; e finalmente, no fim da análise, fala que, às vezes, a mãe lhe contava sobre o desespero de uma criança, seu vizinho de casa, quando ficava sozinha, coisa que a ele, por outro lado, nunca havia acontecido, pois a mãe, quando tinha necessidade de se afastar, sempre cuidava para que ele ficasse em boa companhia. Este exemplo mostra muito bem as "macrotransformações" que acontecem em uma análise, quando as coisas funcionam.

O terror da solidão e do abandono, à medida que se reestrutura o mundo interno e à medida que são introjetadas funções e capacidades de que antes não se dispunha, não somente tornam menos traumática a separação do analista, mas transformam os objetos internos e as vivências, até a transformação da lembrança. Se hoje eu me separo com facilidade e sem angústia, isto irá colorir de forma diferente toda separação da qual eu tenho lembrança, até mudar a própria lembrança. Eu creio que o sentido da análise seja exatamente este, pelo menos em relação aos aspectos mais sofridos dos pacientes.

Do meu ponto de vista, podemos considerar como marginais o retirar o véu do recalcamento, o próprio *insight*, ou tornar conscientes as fantasias inconscientes ou os fantasmas originários. O sentido último da análise é o de enriquecer (às vezes, fornecer) o aparelho para metabolizar emoções e estados afetivos antes não pensáveis. Portanto, há uma atividade transformadora no "aqui e hoje" de cada sessão, assim como – e especialmente – um progressivo passar o método para realizar tais operações. Então, de certa forma, a autobiografia é mais verdadeira, pelo menos no sentido de conservar um certo "esqueleto" narrativo relativamente constante, ainda que eu creia que o próprio fato de escrever (ou, mais ainda, de relatar) abra uma deriva desconstrutiva cada vez mais ampla. Porém, gostaria de retornar ao que me é específico: seria um magro consolo uma psicanálise que consistisse somente em uma tomada de consciência ou em uma revelação de acontecimentos recalcados (ou cindidos, negados) se não houvesse a capacidade transformadora, tanto em relação à lembrança como, especialmente, em relação à própria capacidade de pensar e de elaborar todos os estímulos, de qualquer natureza, aos quais somos constantemente submetidos.

Mas a contínua reescrita da história, as transformações do mundo interno, ganha vida a partir das "microtransformações" que se operam no interior de cada sessão. Sessão que, de um lado, é um microcosmo em si e, de outro, se liga e se soma a todas as outras em uma contínua espiral transformadora (Smith, 2000). Vejamos no detalhe.

Marcello, um funcionário do Tribunal, decide começar uma análise por causa do rancor e do ódio em relação ao pai, verdadeiro tirano aos seus olhos, que lhe infernizou a infância, a adolescência e também os anos da juventude.

Este seu espumar de raiva e de ódio é tão invasivo a ponto de lhe permitir somente a atividade de trabalho e nada mais.

Um dia, começa a sessão com sua analista contando que precisou faltar à sessão anterior porque teve que ir ao Tribunal de uma cidade vizinha. E, de repente, pergunta "se pode não pagar a sessão à qual teve que faltar". A analista, pessoa competente e rigorosa, que sabe muito bem o que é um *setting* e a importância de respeitá-lo, vê-se dizendo "está bem, não pague".

Aqui poderíamos abrir uma longa reflexão sobre o comportamento da analista, que infringe tão clamorosamente as regras que no início foram colocadas como moldura necessária dentro da qual se desenvolveria a análise. Mas não é essa a minha intenção agora: antes, desejo ver o que essa resposta da analista produz em cascata na própria sessão e nas duas sessões seguintes.

Logo depois, o paciente diz que houve uma audiência obscena, vergonhosa, de uma incrível superficialidade, que não há mais certeza no Direito, que sempre se chega a um pacto (isto é, critica duramente a analista, que não respeita e não faz respeitar os "acordos", com medo de que ela faça desta forma para não ter aborrecimentos), e diz que aquilo que ele "ouviu" é terrível e faz com que perca toda a confiança.

Em seguida, fala de uma advogada que encontrou e da qual gostou muito, mas não sabe bem quais são suas ideias (isto é, começa a mudar o olhar sobre a própria analista, apreciando-a, ainda que não entenda bem de que tipo ela é).

Depois volta a falar do Direito, que é por demais subjetivo, que há belas leis que, porém, não são aplicadas (portanto, retorna de forma mais suave à primeira tese de que foram descuidadas as "leis" da análise).

Depois relata acerca de um sujeito que queria esfaquear o pai, que foi colocado em prisão domiciliar e está sendo acompanhado por uma assistente social (isto é, que a "fúria" que tinha diminui passo a passo, graças à "assistência" da analista). Neste texto, omito os comentários que a analista faz, que não são interpretativos, mas somente moduladores em relação ao que o paciente diz.

Mas não termina aqui. Na sessão seguinte, começa dizendo que seu pai, inesperadamente, mandou um cartão-postal com uma frase que ele não consegue perceber se é ambígua ou afetiva; diz não saber se faz as pazes ou se aquilo tudo é uma armadilha do pai, sabe-se lá com que objetivo (isto é, que o cartão-postal-resposta da analista o desorientou, não o esperava, tem vontade de "fazer as pazes", mas suspeita de que possa haver algo por trás).

Na sessão seguinte, pede para tirar o paletó e fala de seu projeto de parar de fumar, acrescentando que, "porém, gosto de fumar", que desejaria encontrar a pessoa certa para ele, mas teme muito a felicidade.

Se sofre, a morte não o preocupa; mas, se estivesse feliz, então estaria preocupado. Relata depois que, às vezes, na esperança de morrer, colocava um laço no travesseiro esperando enfiar a cabeça nele. Depois, fala do pai, que o deixava muito sozinho quando pequeno; isto é, o paciente cria aos poucos um clima mais familiar: tira o paletó, gostaria de parar de soltar fumaça de ódio e raiva, de viver no rancor e na acusação perenes, mas depois está assustado em pensar como a vida mudaria para ele, como a vida assumiria um novo grande valor. Por último, expressa o seu não saber se a ligação (–"laço") mata ou faz com que nos sintamos menos sozinhos.

Tudo isso acontece na relação atual com sua analista, mas inevitavelmente traz também uma mudança nas emoções e na forma de lidar com elas e, por um momento, o pai tirano que ele gostaria de matar torna-se um pai que manda cartões-postais e do qual sente falta: a reescrita continua.

Como eu dizia, as microtransformações instáveis e reversíveis progressivamente dão lugar a macrotransformações estáveis e irreversíveis que, aos poucos, tornam-se uma nova identidade. Em psicanálise, tudo isso passa, naturalmente, por meio do *jogo relacional com o Outro*.

Isto implica uma rápida sinalização para a revolução dos modelos em psicanálise: dos modelos histórico-reconstrutivos aos modelos centrados na modulação das fantasmatizações, ao "funcionamento da mente", sem excessivo peso no que se refere aos conteúdos. Revolução ou, talvez, mais simplesmente, evolução que se deu também na maneira de conceitualizar o Inconsciente.

Gostaria de propor uma reflexão ulterior em relação àquela terra de ninguém que se situa entre a autobiografia (cuja importância, talvez, não sublinhei o suficiente) e a psicanálise, e que se refere à assim chamada autoanálise, que vai desde as formas mais ingênuas do diário até tentativas de introspecção autoanalítica. Pessoalmente, creio que a autoanálise tenha seu valor, mas não tanto na vertente transformadora quanto especialmente na vertente explicativo-cognitiva. Talvez eu confie mais na associação do trabalho onírico que a mente realiza sonhando e na autoanálise do sonho.

8. Términos de análise ortodoxos e heterodoxos

Talvez haja análises que não podem terminar, pelo menos não podem terminar da forma clássica.

Refiro-me às análises com pacientes psicóticos com os quais ou se projeta uma análise-diálise ou mais frequentemente se encontra uma forma – com frequência não ortodoxa – para terminar. Remeto aos meus escritos anteriores (Ferro, 1996, 1999) para difusas reflexões sobre o término da análise.

A última sessão de Tibério

Tibério fez uma longuíssima análise que trouxe profundas mudanças: de uma grave situação de esquizofrenia paranoide com graves aspectos delinquenciais em potência, chegou a ser uma pessoa com uma profunda consciência de si e do próprio limite da análise para além de uma certa medida.

De minha parte, preciso fazer o luto em relação a um projeto megalomaníaco de cura total de Tibério e aceitar a cura deficitária à qual chegamos.

Toma três "Buscopans" para as dores que surgem diante do projeto compartilhado de terminar a análise.

Lembra então de como matou a pauladas o cachorro doente do tio: parece antecipar o fato de que uma separação pode acontecer somente de forma violenta, com um puxão.

Depois tem uma crise de profunda angústia, como as que haviam caracterizado o início da análise: teme ter contraído aids, não está mais imune aos sentimentos e emoções humanos, que sente como muito perigosos. Depois diz que quer terminar logo a análise e de um dia para o outro concretiza o projeto, não respeitando a ideia acordada de encerrarmos em dezembro. Dois meses antes, em outubro, interrompe a análise.

Um ano depois, Tibério me telefona para marcar um encontro.

Quando abro a porta, dá um belo sorriso: "Estou contente de vê-lo", diz. Depois, inesperadamente, em vez de se dirigir à cadeira que eu havia colocado diante da escrivaninha, vai em direção ao divã e diz, enquanto deita: "Prefiro aqui. Ainda não fiz a última sessão".

Depois relata o que aconteceu neste ano, momentos de dor intoleráveis, um período de grande raiva em relação a mim e o medo de ter sido enganado; depois, a consciência do trabalho feito e das grandes mudanças.

Coloca uma questão em relação a uma pensão por invalidez à qual poderia ter direito, dizendo também que qualquer obstinação terapêutica teria sido somente cruel. Concordo com ele e digo que me parece maduro saber parar, consciente do longo caminho percorrido.

Dizemos também que o que estamos fazendo é justamente a última sessão de análise, que no ano passado não havia sido possível fazer e que se a análise termina – após tantos anos de trabalho conjunto – certamente não termina a nossa ligação. Está comovido e com lágrimas nos olhos. Pergunta se eu sabia, desde o início, o quanto seria trabalhosa, para mim, a sua análise, se teria de qualquer forma iniciado o trabalho ou se havia sido um "erro de juventude".

Respondo com sinceridade que ainda o tomaria em análise com a consciência de hoje, e que estava contente com o trabalho que realizamos juntos, ainda que tenha sido uma cura até onde havia sido possível chegarmos.

No final da sessão, sai com lágrimas nos olhos e diz que, de qualquer forma, sabe que tem em Pavia uma pessoa com a qual contar, poderia dizer que "tem um amigo".

Esqueci de acrescentar uma outra coisa que Tibério me contou: seu medo de ter aids havia passado e tinha se transformado em medo da sífilis, mas para esta havia cura e, então, por um longo período ele havia se "medicado" com penicilina (durante a análise Tibério havia se formado em Medicina).

Creio que o salto dos últimos dois meses tenha sido a terapia antibiótica que podia conter as angústias catastróficas que nossa separação despertava. Mas, depois dessa terapia, Tibério havia podido vir fazer sua última sessão de análise, dizendo-me, ao se despedir: "Desta vez é nosso adeus!".

Cerzir: o longo caminho de Luigi

Luigi é um paciente dramaticamente grave quando começamos a análise: a própria manutenção do *setting* já é um grande problema. Naturalmente, por um longo tempo não irá tolerar permanecer deitado e nem mesmo sentado no divã; encontrará lugar em uma poltrona exatamente no canto oposto da sala, em relação à minha poltrona: parecemos dois pugilistas num ringue. E inúmeros são "os socos", não somente metafóricos, de qualquer forma nunca dirigidos a mim, ainda que frequentemente tivesse medo de ser atingido; mas, fora isso, acontece de tudo: objetos estraçalhados, mesas viradas, divã de pernas para o ar; e, infelizmente, de pernas para o ar, no fim da sessão, não somente a minha sala, mas, frequentemente, também minha mente.

Terminar a sessão, foi, durante anos, uma tarefa indescritível. Depois da hora com Luigi, eu fazia um pequeno intervalo antes de receber o paciente seguinte. De fundamental importância foi a ajuda de um colega, que o acompanhava com maciças doses de remédios e que se ocupava das inúmeras internações por ocasião dos períodos de férias. Depois de esforços que não vou narrar, o *setting* consegue ser respeitado, e podemos fazer uma hora de trabalho que não parece mais um rodeio.

Por anos, são elaboradas angústias persecutórias extremamente intensas, delírios hipocondríacos, delírios de ressarcimento, ameaças de "eliminar a todos". Mas gostaria de sobrevoar tudo isso, e os motivos que tornarão pensável o fim da análise, e focalizar minha atenção sobre um impasse que surge próximo do sétimo ano de análise, com perguntas (com as quais eu me sentia como diante da Esfinge) que tinham a característica de veicular uma ansiedade catastrófica que bloqueava tudo, e que nem o próprio paciente tinha condições de ajudar a solucionar, mas que necessitavam que encontrássemos uma resposta para podermos continuar; assim, dar a resposta correspondia a colocar em palavras (e em pensamentos) uma angústia qualquer, que se havia acumulado sob o tapete, sem que o percebêssemos: todos os progressos desaparecem de repente, a análise está parada, há somente um dilacerante mal-estar que paralisa tudo.

Os momentos em que realizamos que "o seu imenso sofrer serve para renovar a licença de permanência na análise" são somente pequenos lampejos, porque depois Luigi consegue realmente sofrer de forma atroz: encontra os mais incríveis motivos para se torturar, para se dilacerar com pensamentos que o devastam, seja com modalidades de cruel masturbação anal (que já havia acompanhado os primeiros anos da análise), seja com modalidades masoquistas, autoaflitivas; qualquer pequeno "fato" serve para ser transformado em um tormento: se um homem, segundo ele, o segue com o carro, será "um daqueles maridos com cuja mulher ele teve relações e que agora quer se vingar", e não existe, nestas orgias de tormentos, nenhuma interpretação que consiga aliviá-lo.

Por meio de seus sonhos, consigo lhe mostrar que ele precisa sofrer desta forma porque somente assim pensa ter a garantia de que eu vou continuar a me ocupar dele: "Agora que eu encontrei algo que, para mim, vale mais do que a vida, não posso perdê-lo".

Por momentos, se dá conta do absurdo deste pensamento, mas de fato chega à sessão sempre em agonia. Eu me desespero (e percebo que o meu desespero corresponde ao desespero que ele não consegue viver, ao luto que não consegue ainda colocar em andamento) porque as minhas interpretações parecem dificilmente alcançá-lo.

Mas eu me pergunto: "Como ele se inflige um sofrimento aparentemente tão insensato?".

Chama a minha atenção algo que continua fazendo ao longo de uma série de sessões: movimenta de forma estranha a língua, no que parece uma discinesia bucal ("por medicamentos, como nos primeiros anos?", me pergunto), até que eu lhe pergunto: "Mas por que você movimenta a língua dessa forma?". "Assim, com a língua, toco um dente afiado e me machuco", ele me responde.

Eis finalmente a chave (a primeira chave, porque numerosas outras ocorrerão com a abertura da porta blindada do fim da análise) de como consegue sofrer: rapidamente realizo que ele toca com a língua assuntos, falas, que levarão a uma resposta minha que ele sabe que irá machucá-lo: isto é, me dou conta de que por um longo tempo tinha sido eu (levado por ele) a dar interpretações corretas de um ponto de vista de conteúdo, mas que tocavam zonas ainda em fase de cicatrização, e que tocá-las era o mesmo que afundar uma faca em uma chaga. Comunico isto a ele. "Claro que é assim!", responde.

Aberta esta fechadura, eu me iludira de um progresso, mas surge outra estratégia: imobiliza-se ("se eu falo, me curo... se trabalho, me curo"), e realmente, com um movimento em leque do exterior para o interior da análise, começa a não sair mais, a não ver mais ninguém, até que para de trabalhar e de dar comunicações significativas também na sessão. No máximo, coloca enigmas: "Se os dentes de baixo pressionam contra os de cima, estes se movimentam e eu os perco"; mas realizo, após várias tentativas, o seu sinalizar sobre o problema da perda: o seu medo profundo de que se realmente fala (e os dentes de baixo tocam aqueles de cima, tanto no falar como no comer), perde algo importante, eu, a análise, a irmã que se ocupa dele, e isto é impensável.

Mas por sorte há um "Telêmaco" (me refiro ao episódio no qual Ulisses, para não partir para a guerra de Troia, se põe a arar a areia, mas deixa de "bancar o louco" e para quando lhe colocam diante do arado o pequeno Telêmaco) no nosso caminho, e é a perda de sua virilidade: de repente, torna-se impotente, ele, que se gabava de ser um grande Don Juan. Impotência que, em parte, se resolve com a minha possibilidade de perceber que o paciente assumiu o meu sentimento de impotência: "o bastão não é mais o mesmo de antes, não é mais tão duro como antes"; constatamos assim o seu pesar em não ser mais o mesmo de antes, não mais tão violento e cruel, mas mais flexível, terno, até afetuoso... mas, depois de ter sido aceito, tudo isso é repetidamente regurgitado: até que, utilizando a sua busca por sexólogos, proponho a ele que o sexual é "um dialeto" quase clandestino por meio do qual consegue sinalizar o quanto é terrivelmente angustiante para ele "renunciar a tudo e não viver, para não perder a análise", e como fazendo desta forma ele corre realmente o risco de perder a sua virilidade, justamente no sentido mais amplo de todas as suas potencialidades expressivas, e, em última instância, de atropelar sua identidade mais autêntica.

Mas os Ciclopes são ainda mais fortes do que nós, e com eles os sentimentos catastróficos e violentos que a ideia de um fim da análise desperta. Ulisses chega a mim em sonho e a ele por meio de atuações: eu sonho estar preso em uma sala, com vidros e portas blindadas e não sei como sair, até que me é sinalizado um alçapão, uma saída secundária; o paciente, por sua vez (depois de oito anos nos quais nunca havia faltado nem chegado atrasado a uma sessão), passa a faltar regularmente na primeira sessão da semana; por minha vez, tenho um sonho no qual o paciente não sabia fazer uma dança figurada. Então, penso poder lhe dizer que talvez haja algo que atua e deseja, ainda que não o tenha "figurado": não a ideia impensável e intolerável de acabar, mas a de diminuir as sessões, passando das habituais quatro a três sessões por semana.

Aceita logo de bom grado: no final da sessão tira e leva embora a lâmpada do meu lustre de mesa para devolvê-la com um sorriso e um gesto afetivo no início da sessão seguinte.

Para nós essa redução é positiva, mas não demora, ainda que em escala reduzida, tudo aquilo que não tínhamos podido enfrentar juntos: novamente maridos ciumentos que querem matá-lo pela traição das esposas, propósitos e medos de vingança, emboscadas; aparentemente inútil interpretar o "ciúme" pela traição da hora a menos, mas aos poucos conseguimos metabolizar tudo isso. Novos sonhos meus e novas atuações dele nos sinalizam, após aproximadamente um ano, que podemos passar a duas sessões. Nesse meio-tempo, parece ter reencontrado uma confiança em si, uma confiança em mim e na análise que tinham sido negadas; porém, diante da ideia de poder terminar a análise, tem medo de que suas forças boas e sadias não sejam suficientemente fortes para segurar as partes violentas e doentes.

Há um novo período de dificuldade, pois de novo "o bastão não funciona mais como antes", mas rapidamente percebe que é ele mesmo, e não somente eu, seu bastão, a não funcionar como antes: agora precisa se apoiar em mim somente duas vezes por semana, e além disso também o uso da sexualidade muda, não mais relações ocasionais e erotizadas, mas perceber que, com 32 anos, nunca dissera "te amo" a uma moça.

Neste ponto, o fato de ser sustentado, visto também como a necessidade de ser segurado constantemente pela mão, é percebido claramente como algo que diminui sua virilidade e o desvaloriza.

Volta a sonhar: estava no Japão, era padeiro, o irmão lhe ensinava a cozinhar, havia uma moça pequena e séria que "não dava para ele". Enquanto relata, levanta-se e fala sobre uma "transa" com uma "negra", mas tão preta que não a via, a não ser que ela colocasse uma camiseta; era tão grande que precisava se dobrar e não cabia nem na sua "Cinquecento".[1] Levanta-se do divã e mastiga vistosamente um chiclete.

Eis o ponto em que estamos agora: há um bom relacionamento de trabalho, um mundo novo, uma parte pequena e séria, mas por outro lado há ainda uma parte negra, algo que não conseguimos ver, e que necessita de "um meio de contraste" para poder ser visto, uma parte que não tolera o divã, que é debochada: mas como podemos pensar esta parte? Como parte negra/má, ou como parte primitiva que deseja sua independência? Certamente é uma parte "obscura" ou talvez é um projeto ainda obscuro: está preocupado com o fato de desejar sarar, de reconhecer que não está mais tão atraído pela ideia de ser doente e cuidado; sente "angústia de manhã ao levantar da cama" (e a imaginar o fim da análise?).

Tem uma "conjuntivite", é "a doença do estar junto". O sobrinho bronzeado (filho do irmão e de uma negra!) foi batizado: um projeto teve um nome, pensar no fim da análise; e, especialmente, um

---

1 Cinquecento é o menor modelo da Fiat, muito popular na Itália. [N.T.]

trabalho em torno de uma operação mental que vai acontecendo e que o faria ficar bem, renunciar à fantasia de que alguém cuide dele na qualidade divina de "Filho Eterno", tendo nascido no dia de Natal.

Chega um novo tormento de ter contraído, em uma relação na qual está envolvido, a CBS (que jocosamente significa aids), que é o nome de um trator do tipo que antes ele gostava de guiar e que lhe dava bons lucros: há realmente uma inversão de perspectiva – para ele é uma doença sentir vontade de trabalhar e de sarar, porque isso o afasta dos cuidados idealizados. Começa a chorar, não mais como antes, debulhando-se em lágrimas e com muco saindo por todos os lados junto com a saliva, mas com um choro contido, sofrido e esquivo; tem uma dor num dente no qual "sente" o calor e o frio; descobre a própria capacidade de sentir e viver os próprios sentimentos: "Ontem eu me olhei no espelho, vi meus olhos brancos... serenos... tive medo... você imagina o que significa para mim me sentir bem?".

Reconheço o "medo" que sinto ao iniciar o evidente "contraste"; diminuo a marcha, hesito em propor novamente a data do fim da análise. Sou-lhe quase grato por não me atormentar mais com seus extenuantes telefonemas. (Saberia ainda manter o ritmo que me impunha com eles? Da mesma maneira, deviam ser persecutórias para ele as minhas interpretações, na época superdosadas.) Depois entra em cena uma discoteca com espetáculos pornô, onde se exibe uma atriz pornô que podemos pensar como sua maneira de dar espetáculo de si, da sua doença, da exibida masturbação anal por meio da qual evita o contato com sentimentos que têm a ver com o tempo, com a separação, com a solidão.

Mas contrastando a atriz pornô chega o novo personagem que aos poucos ganha cada vez mais espessura: uma moça jovem com a qual faz românticos passeios, renunciando a uma posse sexual ("tenho muito respeito por ela, são os sentimentos que contam"). Aprende a beber "refrigerante e suco de laranja", renunciando ao embriagar-se de uísque-ódio-pornografia, que lhe servira como segunda pele.

Arianna é o nome desta moça que, em um sonho, "lhe dá bola" e que parece poder oferecer ao novato Teseu o fio para sair do labirinto da interminabilidade da análise e da impossibilidade de pensar os afetos.

Posso, depois de ter respeitado estes personagens por um longo tempo tal qual me são apresentados, aproximá-los a modalidades de funcionamentos de Luigi na sessão, a modalidades de me perceber e de se relacionar comigo: respectivamente segundo um regime pornográfico masturbatório, e segundo um regime de afetos que progressivamente adquire importância no desenvolvimento paralelo de uma história de amor com Arianna.

Capto, neste ponto, como se estivesse acontecendo também comigo, uma aceitação de uma perversão da situação analítica (Gabbard & Lester, 1995/1999), de uma análise como droga, para evitar o surgir de sentimentos que eu temia serem ainda muito violentos e perigosos, caso tivéssemos estabelecido uma data de fim de análise; dar-me conta amplamente deste temor me permite falar com o paciente desse conluio e estabelecer uma data compartilhada para o fim da análise.

A análise de Luigi finalmente acabou, deixando em mim inclusive um gosto amargo na boca: no final, Luigi é plenamente uma outra pessoa, não é mais aquele "touro enfurecido" do início da análise, aquele paciente violento, desnutrido, perigoso, possível marginal ou toxicômano ou suicida ou homicida, e nem toma mais as enormes quantidades de neurolépticos de que tinha necessidade. Porém, agora, é uma pessoa "infeliz": é uma pessoa que, agora, necessitaria de uma análise.

Antes do término, tenho dois sonhos. No primeiro, eu tinha que visitar uma pessoa neurologicamente indene, mas quando eu fazia o teste de Romberg, mostrava não conseguir manter o equilíbrio autonomamente e ter necessidade de um apoio; no segundo, eu precisava descer com Luigi uma rua que era intransitável, ou pelo menos para além de nossas capacidades (daí o *escamotage?*[2]). Luigi se afastava, e seguia pelo seu caminho...

Talvez seja necessário considerar o que diz Meltzer acerca de pacientes graves: terminam a análise onde outros a começariam.

Eu imaginava que sentiria alívio no fim da análise de Luigi, mas os sonhos me mostravam que também para mim era um luto profundo, inclusive em relação às expectativas após tantos anos de trabalho muito cansativo.

Creio que hoje eu saberia acompanhar Luigi mais adiante, tendo contatado melhor, dentro de mim, aquelas angústias catastroficamente depressivas que nos impediam de fazer as últimas sessões: a análise terminou com um telefonema de Luigi que dizia que não faria as últimas sessões e que não poderia pagar o último mês de análise. E, por outro lado, foi necessária uma fase de pagamento "parcelado" como *escamotage* para terminar a análise. Por um longo tempo permaneceu em mim o gosto de que teríamos (teria?) podido fazer mais: mas tive que aceitar que as angústias terrivelmente depressivas eram demasiadas para a capacidade do nosso forno, mesmo considerando o muito que realizamos.

Permanece um problema: quanto é possível ser elaborado e quanto não, na análise de um paciente realmente psicótico, que por certos aspectos mudou muito (não é mais violento, nem criminoso, nem dominado por delírios, que, de Hans Rudel, oficial nazista de um sonho, transformou-se em Giovanni Torta, doceiro de um outro), mas que continua fora de contato em relação à necessidade de sofrer uma dor para se libertar de uma coação a repetir o papel de Hans Castorp,

---

2 Escamotage significa desvio, saída, pequeno truque, em francês [N.T.]

feliz de estar doente para conservar o lugar na "*Montanha mágica*"? Mas mantê-lo em análise não seria aceitar o pacto de atemporalidade, ou mesmo o projeto de Fausto? Não seria fechar outras possibilidades de percursos para além daqueles que nosso trabalho já lhe havia permitido percorrer, mas que agora já estão fechados pela soma de nossas zonas cegas ou patológicas? Certamente, há algo que alguém interpretaria como "resistência incoercível do paciente" e um outro como "fenômeno de inversão da perspectiva", e um outro ainda como "baluarte" que necessita de um terceiro olhar.

Mas o que pensar da hipótese de que as nossas mentes juntas souberam realizar isso e não mais do que isso, e que esta foi a nossa história recíproca e que o resultado é justamente específico a nós, às nossas capacidades, esperanças, defesas, limites? E que é igualmente importante não impedir ao paciente outros caminhos possíveis de desenvolvimento, de encontro? De ter confiança, de não sermos insubstituíveis, e que outras histórias, outros encontros, aguardam para serem narrados, com outros intérpretes, outros percursos, outras possibilidades?

Passados dois anos, Luigi me telefona, dizendo ter se sentido bem; depois, precisou recorrer aos antidepressivos, que agora não são mais suficientes; em setembro, irá começar uma nova análise (a "irmã" está grávida de um menino com risco de aborto, mas possivelmente irá conseguir!). De manhã haviam-lhe sugerido ir ao pronto-socorro (o telefonema? Pronto! Socorro!), mas sabe que é mais importante a "nova análise", que agora decidiu fazer e que teme que seja muito cara, ainda que tenha a pensão do pai, que é muito maior do que esperava, e acha que vai conseguir.

Naturalmente, outras análises terminam da forma clássica, ainda que, visto que *os exames não terminam jamais* (como nos diz Eduardo[3]), acredito cada vez menos na existência de análises "terminadas";

3 Eduardo De Filippo, ator e dramaturgo italiano. [N.T.]

antes, penso que existem percursos que terminam e, às vezes, são suficientes, e outras vezes necessitam de um caminho ulterior.

O balanço de Francesca

Alguns meses após o término – em parte apressado – da análise, que durou cerca de seis anos, Francesca, uma advogada bem-sucedida, me telefona para um encontro, desejando fazer o balanço de algumas situações.

Relata que foi o período dos aneurismas: a mãe teve um aneurisma cerebral e, pouco tempo depois, o sogro teve um aneurisma abdominal, ambos operados de urgência e com ótimos resultados, por duas equipes de médicos capazes.

Depois fala da filha de 9 anos, Marcella, que nos últimos meses fala de "medos" que a invadem antes de adormecer: são todos medos relativos a "sujeira"; há até mesmo uma professora que a atormenta com a limpeza; ela tem medo de se envenenar caso tenha se limpado demais com alvejante, ou de se contaminar se há algo que, por outro lado, não foi limpo. Francesca fala depois da raiva que frequentemente ainda sente em relação à mãe; de um momento no qual, sentindo-se descuidada pelo marido, estava prestes a se apaixonar por um jovem estagiário de seu escritório de advocacia; prossegue depois com o relato de uma série de projetos de trabalho, e fala da satisfação de ter encontrado uma babá realmente boa para suas crianças, acrescentando, como última coisa, que não exclui a ideia de querer, mais adiante, fazer mais um período de análise.

Inicialmente, compartilho as emoções de Francesca relacionadas ao que me relata, para depois tentar fazer "o balanço".

Também este nosso encontro é para colocar um ponto na sua análise, é necessário fazer um balanço e concluir: há o problema dos aneurismas, o problema dos medos de Marcella, que nos falam do medo de sofrer, tanto no caso de "limpar" tudo, quanto no caso de ter emoções que teme que sejam sujas, como a raiva pela falta da análise ou talvez o desejo de fazer um período com um outro analista. Mas há também o medo da incontinência (o rompimento dos aneurismas), com o apaixonar-se ou com as brigas com a mãe: mas ela possui uma sala operatória que consegue dar conta dessas rupturas. Não só: há também uma função-babá que lhe permite se ocupar bem das próprias emoções-crianças, e tudo isso lhe permite pensar em novos projetos no trabalho e na vida.

9. Narcisismo e zonas de fronteira

O grande problema, na origem do narcisismo, é o de não ter havido "*care givers*" capazes de se colocar como suficientemente confiáveis e introjetáveis. É uma situação comparável à de uma pequena cidade na qual começam alguns incêndios, no início fisiológicos, mas que não tem um corpo de bombeiros ou uma proteção civil.

Por isso, os habitantes inventam métodos, os melhores possíveis (mas frequentemente inadequados) para controlar esses incêndios. Isto é, as protoemoções, as protopaixões, as necessidades são aos poucos liofilizadas, desafetivizadas, negadas, cindidas e assim por diante, de tal forma que, mesmo com um empobrecimento às vezes muito grande, uma parte da "*old town*" é salva.

Portanto, é fisiológico que não haja nenhuma confiança no objeto, e que o novo objeto analista deva conquistar a confiança no campo, operando por longo tempo como um novo corpo de bombeiros ou de proteção civil de uma pequena cidade próxima que, na ocorrência, é colocado à disposição. É até banal dizer que o paciente narcisista nega a dependência, certamente se salvou (pelo menos em parte) graças a isto: arregaçou as mangas e tentou desesperadamente se salvar por conta própria.

Muitas vacas sem um cavalo: um aspecto do narcisismo

Uma paciente, brilhante matemática de origem russa, com uma séria patologia narcísica, é trazida uma vez em supervisão. Na primeira sessão de análise, traz um sonho no qual uma menina, que lembrava Shirley Temple, tinha que cuidar de um rebanho inteiro de vacas com uma terrível sede, e com um pequeno baldinho tinha que subir até um riacho e depois voltar trazendo a água para a manada: inútil dizer que este trabalho não resolvia nada.

No meio de tantas vacas havia somente a cabeça de um cavalo.

Imediata foi minha *rêverie* sobre os filmes de faroeste em que as manadas de vacas são guiadas até o rio por grupos de *cowboys* a cavalo, que as contêm, guiam, indicam o caminho.

Desta função não havia quase nada, nenhum *cowboy*, nem os cavalos: eis somente uma espécie de preconcepção do que teria sido necessário (de qualquer forma, o denominemos: função α, aparato para pensar os pensamentos no léxico de Bion).

Penso que seria inútil dizer à paciente quanto ela desejava fazer tudo sozinha, ou como negava emoções e necessidades.

Com certeza, a chegada do analista corresponde à chegada de John Wayne e dos seus, mas esta presença, que efeitos terá sobre a fazenda cheia de vacas com sede, administrada – por assim dizer – por uma pequena Shirley Temple?

No início, com certeza, será um incômodo, uma complicação a mais, se estes recém-chegados tiverem a pretensão de comer, de ver os cavalos cuidados, de ter reconhecida sua importância, e se acusarem Shirley Temple de tudo aquilo que ela não é capaz de fazer. Diferente se, desde o início, se colocarem a serviço da paciente, sem aumentar seu trabalho, aliás, aliviando a administração de toda a manada de vacas. Trata-se de conseguir não acrescentar mais peso a Shirley Temple e renunciar a dar, desde o início, um nome para cada vaca (a vaca amarela é o ciúme que você sente quando... ; a vaca verde é a inveja que você sente quando vê que eu sou melhor em... ; a vaca preta é a raiva que você sente quando pensa que em vez de ajudá-la eu a atrapalho e gostaria de me eliminar etc.) e de se colocar na situação de quem precisa, por enquanto, administrar a emergência vacas, contendo-as, levando-as para beber, ouvindo os pedidos urgentes que a partir do campo Shirley Temple comunica (em um segundo – ou em um terceiro – momento poderá também ser feito o trabalho impossível no início).

Na análise que eu mencionava, depois da primeira interpretação de transferência do analista, a paciente sonha com "um pistoleiro que atira nela" e começa uma sessão contando uma série de estados emocionais muito diferentes e opostos que sentiu em relação a diversas pessoas (certamente todas as modalidades de ver o analista no trabalho). O analista, em vez de captar e descrever estas emoções, colhendo o significado emocional global da comunicação de forma insaturada (como outras vezes eu disse, na linguagem de Rorschach, a G com C – a global com cor), começa a interpretar em termos de transferência. Em resposta, a paciente relata um sonho em que, enquanto ela tentava limpar e arrumar, a sogra, cuja utilidade teria consistido na ajuda que poderia dar, colocava muito mais em desordem do que arrumava. O analista entende esta comunicação e, pensando que não seria oportuno interpretá-la (e não pensando estar autorizado a captar a emoção global com cor, por medo de que isto não seria a análise), fica quieto e não diz nada à paciente.

Esta, então, fala imediatamente de uma prima que ficou viúva, em um momento em que teria contado muito com o marido para criar os filhos.

O analista não pensa nesta comunicação como uma resposta ao seu silêncio e interpreta ativamente a tristeza pelo fim de semana iminente.

Neste ponto, a paciente dá uma extraordinária lição de técnica, dizendo que não tolera um amigo que se dá ares de superioridade, mas aprecia muito um amigo capaz de brincar com as crianças sem cansá-las ou assustá-las, utilizando frequentemente desenhos feitos na hora. Isto é, o analista é útil se utiliza aquelas que, em um antigo trabalho, eu tinha chamado de *interpretações-Pateta*, interpretações abertas, insaturadas; o oposto daquelas que Florence Guignard (1997) chamou de *interpretations-bouchon*, mais parecidas com inteligentes e argutas *interpretações-Mickey* – para continuar a metáfora disneyana –, que, porém, bloqueiam o significado.

O analista conclui a sessão com uma longa e complexa interpretação e a paciente responde dizendo que, para não se desesperar, teve que contar sempre e somente consigo mesma e que não sabe se terá o dinheiro para poder se permitir continuar a análise (que neste momento é mais custosa emocionalmente do quanto a paciente possa se permitir); o analista pensa em um ataque à sua função analítica e não em não ter sido realmente capaz de encontrar "a música afetiva correta para a paciente".

Penso que é fundamental – e não canso de dizê-lo – tomar as repostas do paciente como indicações que ele nos dá para que possamos alcançá-lo cada vez mais em profundidade. Bion falava do paciente como "melhor colega" e, de minha parte, penso sempre naquele belíssimo conto de Conrad, *O amigo secreto*, no qual há um clandestino por um longo tempo aceito a bordo do navio do capitão. Próximo da costa, ele se lança na água, e, quando percebe que o navio está para bater contra um rochedo, lança o próprio chapéu em cima da água para sinalizar o perigo, permitindo desta forma ao capitão evitar o naufrágio. Penso que seja fundamental esta função do paciente, que a cada momento nos lança o chapéu para nos sinalizar como estamos nos movimentando. Esta é, no fundo, a única forma que temos para estar realmente em contato com o paciente – e insisto sobre o conceito de uníssono –, em vez de em contato com as nossas teorias, porque de outra forma acabamos por estar numa espécie de cena primária com as teorias, excluindo o paciente.

Naturalmente, chega um momento, depois que o peso das emoções foi suficientemente carregado, no qual é possível ter acesso a uma postura mais interpretativa (Jacobs, 2001).

Em direção à possibilidade de pensar as emoções: Marcello

Com um paciente com estrutura narcísica, Marcello, brilhante patologista médico, pouco a pouco elaboramos juntos a metáfora de que ele dispõe de pilhas excepcionais, lembrando uma publicidade muito conhecida na Itália, as pilhas de longa duração que lhe permitem caminhar sozinho. Usa estas pilhas toda vez que não se sente "acompanhado" e pensa poder/dever contar somente com suas próprias forças. Mas vejamos de perto uma sequência clínica justamente com Marcello.

É um período de bom trabalho analítico, em que estamos trabalhando em torno de novas emoções que vão florescendo e que o paciente cada vez mais consegue administrar, em uma espécie de contracanto em relação ao funcionamento desafetizante de tipo autistoide, quando, em uma sessão, a minha capacidade de atenção é perturbada por um cigano com uma gaita que toca enlouquecido bem abaixo da janela do meu consultório. Eu me torno incapaz de qualquer tipo de escuta, enquanto o paciente continua falando ininterruptamente o tempo todo.

No dia seguinte, posso lhe dizer que, quando coloca as pilhas, se me percebe mentalmente distante, imediatamente se salva de afundar na angústia; salva-se justamente colocando as pilhas da completa autonomia.

O paciente ri, exclamando: "Recebido!". Assim, este episódio entra nos momentos significativos da análise, permitindo uma ponte entre o nosso "aqui e agora" e um "lá e então" da sua infância.

Naturalmente, reflito também dentro de mim sobre a música desesperada do cigano com a gaita: a sua parte cindida que, no momento em que "desabrocha" da situação liofilizada em que permanecera por longo tempo, projeta uma tela β (Bion, 1962/1972) que me invade, mas que é também a forma para me/nos colocar em contato com suas partes (funcionamentos) sem pátria, que inundam com a música de suas emoções, e que são também um SOS e uma maneira de sinalizar sua existência; um campo suficientemente insaturado havia permitido este desabrochar.

Uma forma típica de administrar as protoemoções não alfabetizadas (e à espera de alfabetização, se tiverem a ventura de encontrar uma função de *rêverie*) é, portanto, a das *patologias narcísicas*.

Uma figuração metafórica de algumas formas poderia ser a seguinte. Há um edifício com vários andares construído sobre palafitas, acima de um charco cheio de crocodilos. Nos andares superiores há conforto, ainda que sejam "separados" da raiz protoemocional e, naturalmente, o contato com as emoções é barrado. O Ego está a salvo no alto, os crocodilos-protoemoções estão livres para nadar no charco: o desprezo, o sentimento de superioridade, o próprio uso analgésico da inteligência são defesas em relação ao contato dilacerante com emoções que devorariam, não tendo sido nunca suficientemente metabolizadas. A outra face da superioridade narcísica é o sentimento de pobreza e miséria, porque estar tão drasticamente separado das próprias emoções coloca em uma situação de perene exílio de si mesmo: uma espécie de *síndrome de mendigo* que deve ser sempre negada, cancelada pela pompa dos palácios e fazendo o possível para que os crocodilos sejam administrados pelo Outro, quem quer que seja (Klein já sublinhava a atitude do paciente narcisista de fazer com que os outros vivam os sentimentos que não tolera sentir). Naturalmente, não há sentido em provocar o colapso do arranjo narcísico antes de bonificar o charco. Um paciente, quando começou a tomar consciência desta situação, a sonhou desta forma: "Estava indo para Veneza, entrava em um cinema para ver um filme; de repente alguém me dava a oportunidade de alcançar algo escondido e secreto: uma espécie de alçapão... o acesso a um subterrâneo onde viviam homens e mulheres, ou melhor, homenzinhos, não desenvolvidos, baixos, atarracados, alguns disformes, alguns dentro de um barril, alguns no cocô, abandonados, na miséria, segregados, sufocados, sujos... em cima havia um outro andar, máscaras de nobres, espadachins com roupas de 1700 já sem sentido. Saía impressionado e via que uma espécie de carrasco-guardião, com foice e martelo, se encaminhava para impedir com o malho o emergir de qualquer grito, necessidade... saía, estava em Veneza, procurava minha mulher".

Mas voltamos a mais uma sequência clínica com Marcello.

Como eu dizia, Marcello é um paciente com estrutura narcísica que sempre negou qualquer dependência afetiva: por um longo tempo, colocou-se como autônomo, autossuficiente.

Por ocasião de nossas separações de rotina (Natal, Páscoa, verão) e das circunstanciais (ausência por impossibilidade dele ou minha), progressivamente introduziu no nosso campo algum tipo de "dor" física, muito marginal e não facilmente reconduzível a um significado compartilhável. Por ocasião de um seu afastamento por causa de um congresso, "uma dor num pé", por ocasião de umas férias, "uma dor de dente", outras vezes, "uma dor no joelho" e assim por diante.

Passou um bom tempo, e Marcello foi se tornando mais permeável às próprias emoções, antes sempre negadas.

Frequentemente, encontro-me indeciso sobre como utilizar suas narrações, com uma vivência de deixar de lado a comunicação de aspectos importantes, caso eu renuncie a interpretar, mas com a frequente constatação de que toda a atividade interpretativa que não seja ainda subliminar e alusiva pode levar a novos enrijecimentos. Encontro-me, num certo momento, comunicando a Marcello, em rápida sequência, a data das férias de Páscoa e, a seu pedido, também as de verão.

No dia seguinte, após ter-me dito que estava com uma forte dor de cabeça, faz os seguintes relatos: esteve em uma comunidade de pacientes psiquiátricos, na Alemanha, acompanhando a esposa, psicóloga, que faz doutorado sobre reabilitação do *handicap*, e um dos pacientes lhe roubou, por trás, a comida que tinha no prato. Um outro paciente, visivelmente deprimido, andava em círculos, batendo com os punhos na cabeça. Depois conta que, durante o plantão da noite, no setor de medicina de urgência em que trabalha, um paciente perdeu os sentidos, caindo no chão. Depois relata a respeito de uma paciente que tinha fantasias de suicídio, dizendo que a mãe era uma "puta" e, finalmente, fala de uma amiga, Nanda, desesperada pela traição do marido, a quem não consegue dar nem uma bofetada. Eu sinto que o máximo que posso fazer é segui-lo em seu texto, a cada vez iluminando, focalizando, as diversas emoções que o relato comporta.

Na sessão seguinte, Marcello traz dois sonhos: no primeiro, fotografava pessoas que estavam em vários andares de um prédio, depois tem uma mochila cheia de pilhas de longa duração, muitas das quais vazias; no segundo sonho, havia o funeral da mãe, ele seguia junto com quatro mulheres (quatro são, também, as sessões de Marcello) mas não conseguia chorar; depois, repentinamente, pensou que não comeria mais os pratos emilianos[1] que a mãe lhe

1 Da Emilia-Romagna, uma das regiões da Itália. [N.T.]

preparava, como as "*orecchiette*",[2] e desatou – no sonho – a chorar desesperadamente.

Digo *a mim mesmo* que o trabalho feito pelo sonho torna próximas a nós emoções antes negadas e impossíveis de serem aproximadas. E digo *a ele* que me parecia que ele tinha adquirido uma capacidade de viver os lutos, as perdas e as emoções correspondentes. Depois, por meio da descrição mais geral, "experimento" colocar o sonho também em relação com a minha perda em virtude da separação das férias de verão.

Marcello fica em silêncio, mas parece interessado; então prossigo, referindo-me ao primeiro sonho, dizendo que ele me parecia interessado em fotografar diversos níveis, diversos andares de seu sentir emocional. Como se o sonho tivesse cozido juntos tantos ingredientes que antes eram cozidos separadamente, em diferentes panelinhas: o bife roubado, o paciente que bate na própria cabeça (a dor de cabeça!), a história de Nanda e dos dois pacientes, retomando assim, mais de perto, as emoções das quais havíamos falado no dia anterior. Marcello continua em silêncio. Parece-me um silêncio digestivo e estou contente com esta interpretação, que permite dizer coisas antes inexprimíveis.

Depois Marcello toma a palavra e conta, com ar distante e indiferente, que na noite anterior tinha brincado com prazer com seu filho de 4 anos, mas depois a brincadeira, de envolvente, havia se tornado violenta. Assim, ele havia pressionado o estômago do menino e o filho tinha vomitado tudo aquilo que havia comido, tinha tossido, depois tinha ficado irritado, e não quis mais comer.

Neste ponto, sinto uma profunda desilusão e abatimento ao perceber que tudo – não me importa quem seja Marcello na sessão – fora de qualquer forma "evacuado", e temo, inclusive, perdido.

---

2 Macarrão típico italiano, cujo nome significa "pequenas orelhas". [N.T.]

Não interpreto essa comunicação e me detenho em uma escuta receptiva do que o paciente me fala em relação a acontecimentos aparentemente externos e ao seu pouco interesse nos seminários da escola de especialização.

Dou por perdido aquilo que eu havia comunicado e fico surpreso quando, na sessão seguinte, o paciente relata que "o outro filho, Luigi", de poucos meses, havia chorado muito pela ausência da mãe, queria o leite e não se conformava com o que ele podia lhe dar, visto que era amamentado ao seio.

Digo que, às vezes, as mães são indispensáveis para as crianças e, com o ar de quem faz uma brincadeira, acrescento que, além da inveja do pênis, parece existir uma inveja do seio! Ele responde dizendo que, de fato, a esposa dispõe de "uma aparelhagem" que ele não tem. Evito qualquer interpretação de transferência e, neste ponto, entra na sessão um "duplo": a paciente que Marcello frequentemente encontrava na rua. Ele pensa que seja a paciente "que vem antes dele", que vê quando ela entra na igreja e por um longo tempo pensou: "Eu não estou tão mal como esta moça", que frequentemente lhe pareceu triste e sofrida. Depois ficou curioso: quais serão as emoções que esta moça vive? Será que sofre pela separação? Eu faço somente intervenções enzimáticas, tomando cuidado para não interpretar a paciente como uma parte dele que "sente" as emoções. Continua, depois, o relato, e diz que um amigo psicanalista havia lhe dito ter fortes sentimentos quando os pacientes terminam a análise. Comento que parece mesmo que, nas análises, podem circular emoções vivas. E, aqui, Marcello me surpreende, pois retoma – agora que não havia mais pressões interpretativas – aquilo que eu considerei como irremediavelmente evacuado, a fala do dia anterior, dizendo: "Ontem o senhor teve uma parte ativa, ao me falar do sonho, e percebi que, para me orientar, preciso de sua ajuda". A sessão prossegue com a retomada das suas emoções ligadas à separação.

Confesso que me senti profundamente comovido pelas palavras de Marcello, que constituem a primeira oficialização de um vínculo importante entre nós.

Tudo isso tem um prosseguimento no momento em que, algumas semanas depois, na hora da sessão de Marcello, estou mentalmente "fora de uso" (como aqueles elevadores com o cartaz: "fora de uso para manutenção") porque estava invadido e "bagunçado" por causa da sessão anterior com uma paciente psicótica que tinha tido uma série de atuações violentas na sessão.

De fato, na hora de Marcello, estou mentalmente ausente. Na sessão do dia seguinte, Marcello relata dois episódios: o primeiro, a respeito de uma moça que tinha tido ataques de pânico depois que sua mãe, que estava no carro sentada no banco de trás, morrera quando um caminhão batera atrás no carro, ao passo que a paciente e seu filho, sentados na frente, não tinham se machucado; logo depois, o episódio da amiga Nanda, que tinha ficado muito desiludida com o marido que sentira distante em um momento de necessidade.

Durante a sessão, de fato *negando* a mim mesmo o que havia acontecido na sessão anterior com Marcello (minha menor presença mental), faço intervenções rotineiras que Marcello, novamente distante e autárquico, aceita por complacência. Mas é no fora da sessão que posso encontrar a realidade emocional da própria sessão e dizer-me que, por parte de Marcello, houve uma precisa descrição do meu não estar presente na sessão (do meu ter sido atropelado pela paciente da hora anterior).

Quando posso entrar em contato com isso, encontro novamente, como eu dizia antes, a confirmação de uma das raízes do narcisismo de Marcello: a relação com uma mãe por momentos ausente mentalmente, que fazia com que Marcello necessitasse do uso das "pilhas" ou do autogerador, e a partir daqui ganha vida uma intensa, participativa conversa reconstrutiva de sua história infantil.

Aqui vemos um campo emocional em que há uma oscilação entre cisão, negação e capacidades negativas que no fundo modulam e regulam as forças emocionais que podem entrar no campo e ser metabolizadas.

A esse respeito, é interessante pensarmos novamente que Bion sugere que até o sonho, e o sonho de vigília (a função α), devem ser considerados barreiras, interstícios, em relação a uma realidade (O) que permanece inatingível. Creio que uma dialética entre defesas e O (a oscilação K ↔ O) permaneça o método da espécie para nos aproximar da verdade sem nos queimarmos.

Como sabemos, há pacientes com uma patologia narcísica específica, a do sucesso obrigado: são pessoas de sucesso para as quais este é sempre inadequado para permitir um sentimento de segurança, de confiança e de autoestima. São situações diferentes de outras em que o sucesso é uma defesa antidepressiva. Este tipo de narcisismo é uma espécie de remendo que é constante e inadequadamente colocado em cima de uma espécie de "falha narcísica", uma espécie de ferida profunda que, ao contrário, necessitaria de uma nova tessitura afetiva, de uma reconstrução da ferida. O "remendo" fornecido pelo sucesso depois é como que encharcado e levado embora, o eixo mental tende novamente à derrocada, e assim sucessivamente. A nova tessitura afetiva é uma espécie de reparação em profundidade e – pelo que se espera – definitiva.

Luca, um paciente que não consegue usufruir de seus sucessos profissionais, frequentemente brilhantes (e também dos progressos da análise), e que busca sempre novas metas para alcançar, sonha que não consegue tocar dois trechos de Bach, vai para o piano, mas não sai nada; depois aparece o pai, executivo brilhante, de cuecas, que pede ajuda e um lugar para "setembro" (as férias de verão estão próximas).

Luca parecia condenado a ter que ser sempre brilhante, cada vez mais brilhante, até este sonho abrir a possibilidade de pensar na dificuldade de exprimir suas emoções e, especialmente, suas necessidades, e a necessidade de ajuda e de escuta.

Geralmente trata-se de pacientes que, quando crianças, foram próteses narcísicas dos pais, que necessitavam de ulteriores suportes para evitar quedas depressivas.

No fundo, o que é mais temido e fobicamente evitado por esses pacientes é o contato com uma situação de necessidade, de pobreza, de "Afeganistão", que é negada por meio do brilho dos palácios do sultão.

Mas o narcisismo – enquanto necessário – foi uma defesa bem-sucedida em relação a uma pobreza das necessidades, a uma vivência de ter sido recusado muito "dura" de ser suportada; portanto, só podia ser negada e escondida.

Não muito diferentes são as situações narcísicas com "*autossuficiência*", às vezes com homossexualidade, em que a ausência do Outro no momento de necessidade foi sentida com tal pesar e sofrimento, que foi organizada uma cena na qual não se tem necessidade de ninguém e tudo pode ser feito sozinho, até a atividade sexual é feita consigo mesmo, com a intermediação de uma espécie de sósia (Kancyper, 1990).

Frequentemente, toda a vida de sucessos, de ganhos, de riquezas, nada mais é que uma tela de tungstênio em relação a um mundo de "favelas" internas, para as quais as caixas do Estado seriam completamente insuficientes para sanar ou, pelo menos, aliviar as trágicas necessidades. Somente o "Banco Mundial" poderia intervir: isto é, uma contribuição "gratuita" a partir do externo em termos de acolhimento e *rêverie* que não peça nada em troca: isto é, é necessário tecer novamente a própria função α e o "aparelho para pensar os pensamentos", antes que possam operar.

Estas reflexões me levam a um outro pensamento, de algum modo trágico: há frequentemente (sempre?) vidas que colocam em cena o drama originário que, às vezes, é repetido sob forma de tragédia, de farsa ou de comédia. Naturalmente, quando se trata de "tragédias", existem feridas incuráveis que são repropostas na esperança de que algo (nem que seja o fato de ser adulto) possa aliviar a intensidade da dor: um dos sentidos da psicanálise poderia ser o de fazer sair da representação atuada obrigada e – pelo menos em parte – substituí-la por uma narração.

Um nexo sugerido, mas nunca suficientemente sublinhado (a não ser por Meltzer), é aquele entre narcisismo e autismo; não há uma grande diferença, a não ser quantitativa: em ambas as situações há uma carência de função α (não foi possível introjetar as capacidades de transformar sensorialidade e protoemoções em imagens, emoções e pensamentos). No narcisismo é colocada uma barreira em relação ao mundo das "favelas", que permanecem cindidas e inacessíveis, enquanto se celebram os falsos faustos de uma riqueza que não existe, ao passo que no autismo, sendo a carência da função α ainda mais marcante, as "favelas" são desidratadas, liofilizadas, perde-se seu mapa até a ausência do "mental emocional", sobrevivendo só o mental computadorizado, contanto que completamente desafetivizado ou desfavelizado.

Uma característica frequentemente ligada aos núcleos artísticos é a prepotência, que tem diferentes linhas de desenvolvimento. Antes de mais nada, a não disponibilidade dos pais é introjetada como uma não disponibilidade que depois é atuada. A não disponibilidade é, inclusive, algo que é sofrido como uma prepotente negação dos outros em relação às próprias necessidades. Mas, mais que qualquer outra coisa, a prepotência é uma forma de não despertar emoções que têm a ver com o não "previsto", não controlado, que inundariam uma função a defeituosa.

Uma outra conexão é aquela entre narcisismo, autismo e caractereopatia, na qual a administração das "favelas" se dá por meio de violentas evacuações.

Outra declinação do narcisismo é a que eu definiria como a *síndrome da criança excessivamente bem tratada*, que, de certo ponto de vista, ainda que de forma reduzida, corresponde à "*spoilt syndrome*", que na Itália foi muito bem descrita por Borgogno (1999). Trata-se de crianças que não tiveram a seu lado pais capazes de transmitir-lhes um aparelho suficientemente funcionante para administrar e metabolizar as frustrações. De fato, não considero a capacidade de tolerar ou não as frustrações como uma qualidade inata, diferentemente de quanto afirmava Klein e até o primeiro Bion; ao contrário, é algo que desde o início tem a ver com a introjeção de uma capacidade que deriva do funcionamento mental dos pais. Um pai que sempre diz "sim", que nunca frustra, substancialmente é um pai que só pode viver tranquilo e que não dispõe de um aparato suficiente para metabolizar emoções. De fato, a frustração desperta raiva, sentimentos de exclusão, ódio, que são todas protoemoções que precisam ser recolhidas e cozidas. Se o pai não dispõe de panelas suficientes, será necessária uma tática de evitamento que, porém, resultará na criança em um acúmulo de elementos não digeridos e na incapacidade para digeri-los.

"Complexo de afabilidade", simbiose e narcisismo

Merecem também uma última reflexão os nexos entre o que um paciente definiu como "complexo de afabilidade", simbiose e narcisismo.

O que me parece aproximar estas três diferentes situações clínicas é a busca de um caminho, de uma estratégia alternativa em relação a viver, a elaborar as próprias emoções e os próprios estados passionais: nessas situações há um defeito da possibilidade/capacidade de acolher, metabolizar, transformar estados emocionais muito intensos. No primeiro caso, são cobertos, escondidos e em parte contidos por meio de *uma espessa camada de afabilidade*, que mascara e esconde estados mentais não toleráveis: o ciúme, a raiva, o desejo de vingança, aspectos paranoides, violência; no segundo caso, a ligação obrigada com o Outro, do qual receber um fornecimento contínuo de testemunhos de amor torna-se o antídoto em relação à parte de si completamente cindida em que habita violência, raiva, ódio, ciúme, inveja. O terror é que estes possam pular para fora de forma violenta e incontrolável; portanto, deve ser fornecido continuamente um antídoto: como no caso do Dr. Jekyll e Mr. Hyde. No terceiro caso, há um progressivo encapsulamento defensivo em uma cidadela idealizada, que deixa para fora todo o mal, o ciúme, a inveja, a destrutividade, atribuindo aos outros ou, como sabidamente já revelava Klein, colocando os outros na condição de vivê-los por procuração.

As estratégias relacionais são diferentes no caso da "afabilidade coacta", na qual o Outro não deve colocar seu olhar para além dessa capa de geleia: o engano e o caráter camaleônico reinam soberanos. O outro é enredado, amansado, objeto de contínua *captatio benevolentiae*. Na simbiose, o "amor" oferecido e exigido leva a um desejo de uma tal fusão a ponto de eliminar qualquer diferença e qualquer conflito: isto porque diferença e conflito colocam em cena emoções de extrema violência pelas quais se teme sucumbir. Os assim chamados "*ataques de pânico*" frequentemente são o emergir de protoemoções que insurgem mesmo nas microfraturas da simbiose.

O paciente narcisista leva a considerar e fazer considerar a si mesmo como bom, generoso, confiável, verdadeiro "cavalheiro sem mancha e sem medo", evacuando no outro as manchas, os medos e, sobretudo, exportando as culpas relacionadas com a violência e a destrutividade para as quais falta um aparato para contê-las.

Todas as vezes em que na análise (e, algumas vezes, também fora dela) estas três formas patológicas de defesa são colocadas em crise, assiste-se a uma irrupção de protoemoções violentas e "cruas" a que nunca se imaginaria poder assistir por parte de pessoas frequentemente tão gentis, afetivas e disponíveis: é como se, das profundezas dos infernos, emergissem demônios, se destampassem caixas de Pandora, irrompessem torrentes de lava de inaudita violência.

Nas fronteiras desses territórios, encontramos o mecanismo da paranoia, que se baseia em repetidas operações de *transformações em alucinose*, em que os crocodilos-estados protoemocionais, não encontrando um espaço de "administração-metabolização" (em ♀ e, antes disso, na função α), são "separados" no externo. A partir desse momento, o externo (ou os Outros) é infiltrado por estes pedaços de protoemoções (raiva, ciúme, curiosidade, inveja etc.) pelos quais o paciente se sente continuamente perseguido, porque, no fundo, seguem o "projetante" para qualquer lugar que ele vá, e assim explicam-se todas as estratégias defensivas para não ser "reconhecido" e "encontrado" por aqueles *aspectos de si* mesmo violentamente projetados no externo. O trabalho com estes pacientes só pode ser o de aumentar as panelas (♀) para contê-los e os fogos para cozinhá-los (função α), de forma que não seja mais necessário recorrer a contínuas operações de "transformações em alucinose", ou até, se a projeção é mais violenta, de "*hipérbole*" (Bion, 1965/1973).

Uma outra reflexão nessa linha de pensamento refere-se à *anorexia mental*, que certamente surge da experiência originária de um espaço inadequado na mente do outro e da necessidade de se tornar cada vez menor para poder encontrar lugar nesse espaço, como descreveu de forma brilhante Grinberg, e que certamente implica a cisão de partes de si mesmo temidas como perigosas (protoemoções pelas quais se teme ser devorado) por meio da estratégia de deixar esfomeado o tigre temido (ou de derrubá-lo com o alimento, no caso oposto das bulimias); mas o ponto central é que a anoréxica que se vê gorda, inchada, não tem uma despercepção diante do espelho; ao contrário, "vê-se" com olhos mais profundos de quanto não sejam os nossos, vê-se inchada e cheia daquelas protoemoções que a engolfam e que gostaria de cindir ainda mais: isto é, vê a realidade da própria situação emocional interna e dá-se então uma espécie de *transformação em alucinose* da imagem do corpo mental que "cobre" a percepção do corpo real que o espelho deveria mostrar: é como se, com o espelho, nascesse um olhar ecográfico que vê para além das feições externas. É claro que a única possibilidade terapêutica é a de que a mente do analista não seja uma mente refletora, ou "espelho", mas que seja uma superfície semipermeável, que acolha e transforme aquele excesso que "é visto porque existe".

Proponho estas reflexões nas fronteiras justamente porque as fronteiras da psicanálise se modificaram muito. É legítimo o analista que diz e pensa: "Mas eu paro no Édipo, para mim a psicanálise chega até aí, até o conflito ou a cena primária, ou a reconstrução histórica". Mas eu penso que é igualmente legítimo o pensamento e a prática do analista para o qual a fronteira da psicanálise está sempre em movimento, "para a frente": até incluir patologias cada vez mais graves, como as autísticas, psicóticas, psicossomáticas. Para este analista estão em jogo outras categorias, está em jogo o tipo e a qualidade do funcionamento mental, está em jogo a própria capacidade de simbolização, a capacidade de formar imagens (Petrella, 1993). Em linguagem bioniana, está em jogo a qualidade e a própria quantidade da função α, do continente e de suas dialéticas. Para este analista o trabalho é muito anterior em relação ao do primeiro. O primeiro trabalha sobre conteúdos; o segundo, na origem desses conteúdos: sobre a capacidade de gerar pensamento e sobre os instrumentos necessários para gerá-lo. A abordagem técnica é completamente diferente: no primeiro caso, trata-se de "cozinhar" produtos dispondo de panelas, frigideiras e uma cozinha que funciona; no segundo caso, trata-se de construir as panelas e as frigideiras antes de poder pensar em cozinhar os "produtos" e, às vezes, é até necessário construir a própria cozinha. Além disso, trabalhar sobre partes psicóticas, autísticas, psicossomáticas, implica uma técnica completamente diferente em relação ao trabalho com pacientes altamente "carentes", com os quais há dois problemas: um, o peso da história vivida, que impede a aquisição de qualquer confiança e que, portanto, deve ser por longo tempo metabolizada;

e o outro, a ausência de receptores para as experiências positivas, que foram destruídos ou tornados não operativos, sendo, portanto, extremamente difícil encontrar o lugar e a forma para "enganchar as novas experiências positivas". Há um tal excesso de β que quase não há alfabetização que dê conta e, além disso, falta o lugar onde depositar as sequências α; algo não muito diferente, ainda que com uma outra linguagem, foi dito por Green em seu livro *O trabalho do negativo* (1993/1996), em relação a certas formas extremas de reação terapêutica negativa.

Para continuar a refletir sobre o trabalho no limite, gostaria ainda de lembrar que uma das maiores dificuldades técnicas com que podemos nos deparar é a do "*paciente que não fala*", no qual a inibição, frequentemente, se coloca como polo claustral da evacuação. Dina Vallino centralizou neste tema o seu belo livro *Conte-me uma história* (Vallino Macciò, 1998), no qual mostra como frequentemente é possível encontrar um método tangencial para "abrir" aquele nível de comunicação possível com as crianças, por meio da construção de uma história escrita a quatro mãos sem que haja cesuras interpretativas ou abordagens muito explícitas. A "história" se desenvolve no que Dina Vallino (1998) chama de "o lugar imaginário", uma espécie de espaço transicional dotado de extraterritorialidade em relação ao aqui e agora. No fundo, com o paciente adulto não é muito diferente. Naturalmente, aqui, como em tantos problemas espinhosos com os quais podemos nos deparar, nasce um conflito (geralmente, tanto mais forte quanto mais forte é o Superego e também o Ideal de Ego do analista) entre ortodoxia e criatividade. Nesses casos, eu não teria nenhuma dificuldade em pender para o lado dessa última. Isto é, o analista deve ser capaz de "inventividade", de "inventividade narrativa", sem perder, naturalmente, a "pertinência psicanalítica".

Um problema frequentemente presente no paciente, nesses casos, é o de um Superego muito severo que sugere que as coisas que ele/ela dirá serão julgadas "bobas", "pouco interessantes". Um outro problema é o da "vergonha" e do "desinteresse do outro". Tudo isso nos fala de uma situação originária insuficiente de *rêverie* por parte dos pais. Um outro problema ainda, nesses casos, é o do temor da impossibilidade de conter as emoções ou as necessidades. Isso também por causa do temor de que estas emoções possam ser "criticadas", "desaprovadas", "desprezadas" por um analista incapaz de aceitá-las, contê-las e elaborá-las.

Nesses casos, o silêncio do analista é traumático; no mínimo, tanto quanto foi traumático o silêncio originário do objeto, que não respondia com solicitude e "paixão".

Naturalmente, não há uma regra de comportamento, só podemos prosseguir por "inspirações", "tentativas e erros", "invenções". Em primeiro lugar, é importante aliviar a culpa em relação ao silêncio e é útil introduzir metáforas que possam colocar em imagens as estruturas superegoicas – "Com certeza, não estamos em uma *delegacia* onde é obrigatório falar" – e, ao mesmo tempo, dar um tempo ao tempo – "Estamos aqui também para resolver este problema, com o tempo que for necessário". Dar estatuto de imagem ao Superego, como nos lembra Speziale Bagliacca (1997) a propósito da culpa, é sempre vantajoso, assim como tentar, com tato, explicitar o temor de um "juízo negativo" ou de uma desaprovação.

Uma outra estratégia é a de tolerar (e favorecer, quando necessário) a tangencialidade das falas feitas na análise, isto é, tolerar por longo tempo o "deslocamento", para personagens, de emoções que ainda não podem ser assumidas em si mesmo.

Um outro problema de difícil solução, que nos leva ao problema do limite com certos pacientes, pode ser o do estatuto de excessiva assimetria dado pelo *uso do divã*: por acaso há algo que impeça, também por longo tempo, a utilização do *face a face*? Sim, as estruturas superegoicas do analista.

Bibliografia

Ambrosiano, L. & Gaburri, E. (2003). *Ululare con i lupi*. Torino: Boringhieri.

Anzieu, D. (1987). *L'io pelle*. Roma: Borla. (Trabalho originalmente publicado em 1985)

Barale, F. & Ferro, A. (1992). Reazioni terapeutiche negative e microfratture della comunicazione analitica. In Nissim Momigliano, L. & Robutti, A. (a cura di). *L'esperienza condivisa* (pp. 153-172). Milão: Raffaello Cortina.

Baruzzi, A. & Nebbiosi, G. (1995). Presentazione a *Inediti di F. Corrao*. In *Koinos. Gruppo e Funzione Analitica, 16*(q), 6-21.

Basile, R. (2004). Comunicação pessoal.

Bezoari, M. & Ferro, A. (1992). Percorsi nel campo bipersonale dell'analisi: dal gioco delle parti alle trasformazioni di coppia. In Nissim Momigliano, L. & Robutti, A. (a cura di). *L'esperienza condivisa* (pp. 63-82). Milão: Raffaello Cortina.

Bion, W. (1972). *Apprendere dalla esperienza*. Roma: Armando. (Trabalho originalmente publicado em 1962)

Bion, W. (1973). *Trasformazioni. Il passaggio dall'apprendimento alla crescita*. Roma: Armando. (Trabalho originalmente publicado em 1965)

Birksted-Breen, D. (2005). II tempo e *l'après coup*. In *L'annata Psicoanalitica Internazionale*, (1). (Trabalho originalmente publicado em 2003)

Bolognini, S. (2002). *L'empatia psicoanalitica*. Torino: Bollati Boringhieri.

Boniamino, V. (1993). Dei non interpretare. In *Rivista di Psicoanalisi*, 39, 3.

Borgogno, F. (1999). *La psicoanalisi come percorso*. Torino: Bollati Boringhieri.

Botella, C. & Botella, S. (2004). *La raffigurabilità psichica*. Roma: Borla. (Trabalho originalmente publicado em 2003)

Branco Vicente, L. (2006). Il caso di Roberta (in corso di pubblicazione). In *Quaderni di Psicoterapia Infantile*. Roma

Chiozza, L. A. (1988). *Perché ci ammaliamo?*. Roma: Borla. (Trabalho originalmente publicado em 1986)

Corrao, F. (1981). Struttura poliadica e funzione y. In *Gruppo e Funzione Analitica, II*(2), 25-32.

Corrao, F. (1991). Trasformazioni narrative. In *Orme* (vol. 1). Milano: Raffaello Cortina.

De Masi F. (1999). *La perversione sadomasochistica*. Torino: Bollati Boringhieri.

Di Chiara, G. (2003). *Curare con la psicoanalisi*. Milão: Raffaello Cortina.

Eiziric, C. L. (1996). Psychic reality and clinical technique. In *Int. J. Psycho-Anal.*, *77*(1), 37-41.

Faimberg, H. (1996). Listening to listening. In *Int. J. PsychoAnal., 77*(4), 667-677.

Ferro, A. (1992). *La tecnica nella psicoanalisi infantile. Il bambino e l'analista: dalla relazione al campo emotivo*. Milão: Raffaello Cortina.

Ferro, A. (1996). *Nella stanza di analisi. Emozioni, racconti, trasformazioni*. Milão: Raffaello Cortina.

Ferro, A. (1999). *La psicoanalisi come letteratura e terapia*. Milão: Raffaello Cortina.

Ferro, A. (2000a). *Teoria e tecnica della supervisione psicoanalitica. Seminari clinici di San Paolo*. Milão: Raffaello Cortina.

Ferro, A. (2000b). *Prima Altrove Chi*. Roma: Borla.

Ferro, A. (2001). Rêve de la veille et narration. In *Revue française de psychanalyse, 2*/2001, 489-498.

Ferro, A. (2002a). *Fattori di malattia, fattori de guangione*. Milão: Raffaello Cortina.

Ferro, A. (2002b). Some implications of Bion's thought: The waking dream and narrative derivatives. In *Int. J. Psycho-Anal., 83*, 597-607.

Ferro, A. (2003). *Il lavoro clinico*. Milão: Raffaello Cortina.

Ferruta, A. (1998). Tra Corinto e Tebe. II controtransfert all'incrocio tra riconoscimento e accecamento. In *Rivista de psicoanalisi, 44*(2), 295-308.

Fonagy, P. *et al.* (1995). On transference and its interpretation. In *Psychoanalysis in Europe, 45*, 5-26.

Gabbard, G. & Lester, E. P. (1999). *Violazioni del setting*. Milão: Raffaello Cortina. (Trabalho originalmente publicado em 1995)

Green, A. (1996). *Il lavoro del negativo*. Roma: Borla. (Trabalho originalmente publicado em 1993)

Guignard, F. (1997). L'interprétation des configurations oedipiennes en analyse d'enfants. Psychanalyse en Europe. In *Bulletin FEP, 50*, 34-41.

Jacobs, T. (2001). On misreading and misleading patients: some reflections on communications, miscommunications and countertransference enactments. In *Int. J. Psycho-Anal., 82*(4), 653-669.

Kancyper, L. (1990). Narcisismo y pigmalionismo. In *Revista de Psicoanálisis, 48*, 5/6, p. 1003.

Kernberg, O, (1999). Trenta modi per distruggere la creatività dei candidati psicoanalisti. In *Le relazioni nei gruppi. Ideologia, conflitto e leadership*. Milão: Raffaello Cortina. (Trabalho originalmente publicado em 1998)

Mancia, M. (2004). Coscienza e inconscio, sogno e memoria: possibili contaminazioni tra neuroscienze e psicoanalisi. In *Psiche, 1*, 75-89.

Meltzer, D. (1971). *Il processo psicoanalitico.* Roma: Armando. (Trabalho originalmente publicado em 1967)

Ogden, J. H. (1992). *Il limite primigenio dell'esperienza.* Roma: Astrolabio. (Trabalho originalmente publicado em 1989)

Petrella, F. (1993). *Turbamenti affettivi e alterazioni dell'esperienza.* Milão: Raffaello Cortina.

Quinodoz, D. (2004). *Le parole che toccano.* Roma: Borla. (Trabalho originalmente publicado em 2003)

Quinodoz, J. M. (2003). *I sogni che voltano pagina.* Milão: Raffaello Cortino. (Trabalho originalmente publicado em 2001)

Renik, O. (1999). La soggettività e l'obiettività dell'analista. In *Quaderni di Psicoterapia Infantile, 39*, 1109.

Riolo, F. (1989). Teoria delle trasformazioni. Tre seminari su Bion. In *Gruppo e Funzione Analitica, 2*, 7.

Rocha Barros, E. (2000). Affect and pictografic image: The construction of meaning in mental life. In *Int. J. Psycho-Anal., 81*, 1087.

Smith, H. F. (2000). Counter-transference conflictual listening and the analytic object relationship. In *J. Americ. Psychoan. Ass., 48*, 95-127.

Speziale Bagliacca, R. (1997). *Colpa*. Roma: Astrolabio.

Tuckett, D. (2000). *Dream, Interpretation in Contemporary Psychoanalytic Technique*. English Speaking Conference of the British Psychoanalytical Society. Londres, October 2000.

Vallino Macciò, D. (1998). *Raccontami una storia*. Roma: Borla.

Wildlocher, D. (2004). *Le nuove carte della psicoanalisi*. Roma: Borla. (Trabalho originalmente publicado em 1996)

Williams, P. (2001). Some difficulties in the analysis of a withdrawn patient. In *Int. J. Psycho-Anal., 82*, 727-746.

Winnicott, D. W. (1974). L'uso di un oggetto e l'entrare in rapporto attraverso identificazioni. In *Gioco e realtà*. Roma: Armando. (Trabalho originalmente publicado em 1968)

Winnicott, D. W. (1975). L'odio nel controtransfert. In *Dalla pediatria alla psicoanalisi*. Firenze: Martinelli. (Trabalho originalmente publicado em 1947)

Wolff-Bernstein, J. (2004). Comunicação pessoal.